Andy Stanley

Die Monster sind in dir

Wie man seine inneren Abgründe überwindet

scm R.Brockhaus

Die amerikanische Originalausgabe erschien unter dem Titel
IT CAME FROM WITHIN
bei Multnomah Publishers Inc. Sisters/Oregon.

Aus dem Amerikanischen von Karen Gerwig

Umschlaggestaltung: Christoph Möller, Hattingen
Umschlagillustration: gettyimages
Satz: Breklumer Print-Service, Breklum
Druck: Ebner & Spiegel, Ulm
ISBN 978-3-417-26214-8
Best.-Nr. 226.214

Vorschau

Sneak Preview

Cora: *Wir werden Dinge sehen, die niemand vor uns je gesehen hat. Denk mal darüber nach.*
Grant: *Das ist das Problem. Das tue ich.*

Die phantastische Reise (1966)

Newt: *Meine Mama hat immer gesagt, es gäbe keine Monster – keine echten. Aber es gibt sie, oder?*
Ripley: *Ja, es gibt sie.*
Newt: *Warum erzählen sie das dann kleinen Kindern?*
Ripley: *Meistens stimmt es.*

Aliens – Die Rückkehr (1986)

Sie werden mir sicher zustimmen, dass der Science-Fiction-Thriller *Aliens – die Rückkehr* einer der besten Filme ist, die je gemacht wurden. Er hat alles. Eine brillante Handlung. Große schauspielerische Leistungen. Dramatik. Liebe. Und ein Ende, das einem den Atem stocken lässt. Es ist einer dieser Filme, die man immer und immer wieder sehen will. Alle lieben Aliens.

Oder etwa nicht?

Sie wollen sagen, dass Sie ihn nie gesehen haben?

Sie haben ihn gesehen und fanden ihn schrecklich?

Ihre Eltern haben ihn Sie nicht einmal sehen lassen?

Na gut, vielleicht teilt nicht jeder meinen Enthusiasmus für die Klassiker, aber es ist wirklich ein großartiger Film. Eigentlich ist *Aliens* der perfekte »Frauenfilm«. Die Hauptfigur ist eine Frau, die fest entschlossen ist, ein kleines Mädchen vor einem weiblichen Alien zu retten, der genauso fest entschlossen ist, das kleine Mädchen als Wirt für seine Eier zu benutzen. Es ist von Anfang bis Ende ein Beziehungsfilm.

In den Schlussmomenten des Films bringt Ellen Ripley (gespielt von Sigourney Weaver) Newt, das gerettete Mädchen, ins Bett, während sie sich für ihren langen Flug zurück zur Erde bereit machen. Im letzten Gespräch des Films fragt Newt: »Kann ich träumen?«

»Ja, Liebes«, antwortet Ripley, »ich glaube, das können wir beide. Schlaf gut.«

Etwas Besseres als das gibt es nicht.

Ich bekomme ganz glänzende Augen, wenn ich nur daran denke.

Den Wirt spielen

Nur für den Fall, dass Sie den Film tatsächlich nicht gesehen haben, werde ich Ihnen eine kurze Zusammenfassung geben. Es geht um das rätselhafte Verschwinden einer ganzen Siedlung von Leuten, die auf dem Planeten LV-426 leben und arbeiten. Als die Firma, für die auf LV-426 gearbeitet wird, nicht in der Lage ist, den Kontakt mit den Siedlern wiederherzustellen, schalten sie das Militär ein. Nach ihrer Ankunft wird die Elitetruppe von Weltraumsoldaten mit einer grausigen Situation konfrontiert: Die Siedler wurden von außerirdischen Wesen – Aliens – gefangen genommen, um als Wirte für ihre Embryos zu dienen. Wenn ein Embryo erst in einen lebendigen Wirt – in diesem Fall in den Siedler – eingepflanzt wurde, ist das Individuum noch eine Weile in der Lage, normal zu funktionieren. Aber wenn der Reifeprozess abgeschlossen ist, bricht das Alienbaby durch die Bauchdecke des Wirts und tötet ihn dabei.

Zum Glück für die Soldaten ist Ellen Ripley dieser Spezies schon früher begegnet und wird als Beobachterin mitgenommen. Früh im Film, als die Soldaten in der Unterzahl sind, übernimmt Ripley die Befehlsgewalt und schlägt vor, den ganzen Planeten zu atomisieren. In ihren Worten ausgedrückt: »Es ist der einzige Weg, um sicherzugehen.« Wie es in Hollywood-Filmen so ist, läuft nicht alles wie geplant. Die Aliens stellen sich als intelligenter und widerstandsfähiger heraus, als Ripley und ihre Weltraumkrieger es erwartet hatten. Der Film gipfelt in einem Zweikampf zwischen Ripley und der Alienkönigin. Am Schluss gewinnt Ripley die Oberhand – aber nur so weit, um den Schluss für zwei weitere Teile des Films offenzulassen.

Mama hatte unrecht

So unrealistisch es klingt – okay, so unrealistisch all das ist: Die Alien-Filme weisen auf eine sehr reale Dynamik hin, die sich jeden Tag überall um uns her abspielt. In den meisten von uns schlummert der Embryo eines Eindringlings, der die Kraft hat, uns zu zerstören; zusammen mit denen, die uns nahestehen. Er dringt unbemerkt ein. Er wächst unbeobachtet heran. Und dann hören wir uns eines Tages selbst etwas sagen, wovon wir überzeugt sind, dass es total uncharakteristisch für uns ist. Etwas, das einen Ausdruck von Schock, vielleicht sogar Verletzung, im Gesicht von jemandem erscheinen lässt, den wir lieben. Wir legen die Hände über unseren Mund und rufen aus: »Ich habe keine Ahnung, wo das herkam!«

Aber selbst für den beiläufigsten Beobachter ist es offensichtlich. Es kam von innen. Und aller Wahrscheinlichkeit nach wird es wiederkommen.

Teil 1

Die Charakterzüge der Kreaturen

Es ist das Herz ein trotzig und verzagt Ding; wer kann es ergründen?
Jeremia 17,9 (L)

Miles: *Ich habe die vage Ahnung, dass ich meiner eigenen Zerstörung zusehe.*
Die Invasion der Körperfresser (1956)

Kapitel 1

Es kam von innen!

Dr. Jekyll: *Gentlemen wie ich müssen sehr vorsichtig sein, was wir tun oder sagen.*

Dr. Jekyll und Mr. Hyde (1931)

Newt: *Wir gehen besser zurück, bald ist es dunkel und sie kommen meistens nachts ... meistens.*

Aliens – Die Rückkehr (1986)

Es kam von innen. Aber zunächst war ich nicht sicher, wo es herkam. Es war an einem Dienstagabend. Ich lag im Bett und versuchte zu schlafen, als ich einen Schlag in meiner Brust spürte, der buchstäblich meinen ganzen Körper erbeben ließ. Ich setzte mich auf und sah zu Sandra hinüber, um zu sehen, ob sie es vielleicht auch gespürt hatte. Keine Schmerzen. Kein Druck. Nur ein Schlag in meiner Brust, der stärker war als normal. Ich legte mich wieder hin und versuchte, so zu tun, als sei nichts passiert. Und dann geschah es wieder.

Dieses Mal fragte ich: »Hast du das gespürt?«

Keine Antwort.

Während ich so dalag und den Wecker anstarrte, legte ich meine Hand auf mein Herz und versuchte, meinen Puls zu hören und zu fühlen. Ungefähr eine halbe Minute später bemerkte ich, dass mein Herz einen Schlag ausließ, und dann: BUM! Das passierte immer und immer wieder. Ungefähr eine Minute normaler Herzschlag und dann nichts. Und dann das große *Bum*, das buchstäblich durch meinen ganzen Körper jagte.

Unnötig zu erwähnen, dass ich nicht viel geschlafen habe in dieser Nacht.

Am nächsten Tag rief ich meinen Arzt an. Er schickte mich ins Krankenhaus, mit einer Verschreibung für dieses schicke Gerät, das aufnimmt, was mit deinem Herzen passiert, während du deinen normalen Alltag lebst. Ich sagte *normal*. Es gibt ein paar »normale« Tätigkeiten, die ich niemandem empfehlen würde, während er so ein Gerät trägt.

Am folgenden Tag ging ich zurück ins Krankenhaus und sie schlossen das Gerät an einen Computer an, um zu sehen, was sie finden konnten. Eine Stunde später kam der Techniker heraus und informierte mich darüber, dass ich einen unregelmäßigen Herzschlag hatte. Ich war schockiert. »Wirklich? Einen unregelmäßigen Herzschlag? Was Sie nicht sagen! Sie meinen also, es sei nicht normal, dass mein Herz jede Minute einen Schlag aussetzt und das dann mit erdbebengleicher Intensität ausgleicht?«

Natürlich *sagte* ich das nicht. Er war dabei, mir Blut abzunehmen, und ich habe schon immer versucht, mich gut mit Leuten zu stellen, die mich gerade mit einer Nadel piksen.

Sie machten ein paar Tests. Viele Tests. Nach einer mehrstündigen Blutuntersuchung, einem EKG, einem Ultraschall – ich sagte ihnen, dass ich auf keinen Fall schwanger sein konnte, aber sie bestanden darauf – und einem Röntgenbild von meiner Brust kam ein Doktor zu mir herein. Er setzte sich mit seinem Klemmbrett hin und fing an, mir all die üblichen Fragen zu stellen. Schließlich kam er zu der »Welche Medikamente nehmen Sie?«-Frage. Normalerweise ist das einfach: »Keine.« Aber zufälligerweise nahm ich gerade etwas gegen meinen jährlich wiederkehrenden Giftefeu-Ausschlag. Ich weiß nie, woher ich ihn habe, aber ich schaffe es jeden Frühling, ihn zu bekommen. Um ehrlich zu sein, weiß ich nicht einmal, wie Giftefeu aussieht – was ein wesentlicher Bestandteil meines Problems sein könnte.

Ich versuchte, den Namen des Medikaments auszusprechen, das ich nahm. Nach drei oder vier vergeblichen Versuchen entschlüsselte der Arzt, was mir verschrieben worden war, und schrieb es auf. Dann fragte er: »Man hat Ihnen nicht außerdem noch ein Steroid verschrieben?« Nein, hatte man nicht. Der Grund dafür war, dass ich darauf bestanden hatte, dass mein Hausarzt mir das Steroid in Form einer Spritze gab. Zwei Spritzen, um genau zu sein. Als ich dem Arzt dieses scheinbar unwichtige Detail mitteilte, legte er seinen Stift weg und lächelte. »Ich glaube, ich weiß, was Ihr Problem ist.«

Das waren gute Nachrichten. Sandra hatte sich diese Frage gestellt, seit wir verheiratet waren.

»Was?«, fragte ich.

»Es sind die Steroide. Sie werden wieder gesund. Wenn die Steroide sich erst einmal durch Ihren Körper gearbeitet haben, wird sich Ihr Herz wieder beruhigen.«

Und wissen Sie was – er hatte recht. Das Problem hat sich von selbst gelöst.

Die Sache mit den zwei Herzen

Wie Sie nach dieser Geschichte wahrscheinlich schon ahnen, bin ich kein Arzt. Und dies ist kein Buch über euer physisches Herz. Es geht um Ihr anderes Herz.

Sie wissen schon, dieser unsichtbare Teil von Ihnen, auf den Philosophen, Dichter und Prediger ständig verweisen. Das Ding, das in der neunten Klasse gebrochen wurde, als Wie-hieß-sie-noch-gleich sagte, sie hätte Sie gern – als guten Freund. Ich spreche von diesem Teil von Ihnen, der voller Stolz anschwillt, wenn Sie sehen, dass Ihre Kinder etwas Tolles machen. Es ist dieses Ding, das total nostalgisch wird, wenn Sie ein altes Lied von *Journey* hören (oder welche Art von Musik Ihnen sonst als Soundtrack für Ihr letztes Schuljahr diente). Es ist dieser Teil von mir, der jeden Sonntagmorgen überquillt, wenn Sandra sich in der Kirche neben mich in die erste Reihe setzt. Toll, dass das nach all den Jahren immer noch passiert ...

Um ehrlich zu sein, ist das Herz, von dem ich spreche, auch der Teil von mir, der dem Trainer meines Sohnes den Hals umdrehen wollte, weil er meinen Sohn ein ganzes *All-Star*-Spiel lang auf der Bank sitzen ließ.

Das Herz, von dem ich spreche, ist dieser mysteriöse, wundervolle, verwirrende Teil von Ihnen, der es Ihnen ermöglicht, zu lieben, zu lachen, sich zu fürchten und das Leben zu erleben. Es ist der Bereich, in dem Beziehungen geschehen. Und es ist der Bereich, in dem Beziehungen zerbrechen.

Schadensbegrenzung

Haben die unvermeidlichen Schmerzen und Enttäuschungen des Lebens dazu geführt, dass Sie Mauern um Ihr Herz gezogen haben?

Das Leben kann hart zum Herzen sein. Die Welt ist voller Einflüsse von außen, die die Macht haben, den Rhythmus unseres Herzens zu stören. Die meisten sind subtil. Manche können sogar als Schutz vor weiteren Störungen notwendig erscheinen. Mit der Zeit entwickeln wir Angewohnheiten, die langsam die Sensibilität des Herzens untergraben. Die unvermeidlichen Schmerzen und Enttäuschungen des Lebens führen dazu, dass wir Mauern um unser Herz ziehen. Vieles davon ist verständlich. Aber letzten Endes führt kein Weg an der Wahrheit vorbei: Unser Herz ist nicht mehr im Einklang mit dem Rhythmus, den es einhalten soll.

Diese Störungen, die unser Herz aus dem Rhythmus bringen, sind nicht wie die Steroide, die sich schließlich aus meinem Körper hinausgearbeitet haben, ohne dass ich etwas tun musste. Die Dinge, die den Rhythmus des unsichtbaren Herzens stören, bleiben. Wenn man sie in Ruhe lässt, bleiben manche ein Leben lang. Nach einiger Zeit akzeptieren wir die Störungen als einen Teil von uns, als Teil unserer Persönlichkeit. Und so ertappen wir uns selbst dabei, wie wir sagen: »So bin ich eben.« Aber wir waren nicht immer so. Und die, die uns am nächsten stehen, wissen das.

Also frage ich Sie: Wie geht es Ihrem Herzen?

Schließen Sie das Buch und denken Sie einen Moment darüber nach. Wie geht es Ihrem Herzen? Nicht Ihrem Beruf, Ihrer Familie,

Ihren Finanzen. Ihrem Herzen. Wahrscheinlich haben Sie nie innegehalten, um über Ihr Herz nachzudenken. Und warum auch? Da muss Essen gemacht werden, Anrufe müssen erwidert, Gespräche vorbereitet und Rechnungen bezahlt werden. Wenn Sie letzten Endes total von diesen Dingen vereinnahmt sind und jemand fragt: »Wie geht's?«, können Sie lächeln und seufzen und sagen: »Gut.«

Aber das hier ist eine andere Frage.

Es ist eine wichtigere Frage.

Und ja, es ist eine *unangenehme* Frage.

Ein anderes Ich

Wir sind viel besser darin geworden, unser Verhalten zu beobachten als unser Herz.

Vielleicht ist der Hauptgrund, warum wir selten innehalten, um unsere Herzen zu beobachten, dass wir nie dazu ermutigt wurden. Als Kinder brachte man uns bei, stattdessen unser Verhalten zu kontrollieren. Mit anderen Worten, wir wurden gelehrt, uns zu benehmen. Wenn wir uns gut benahmen, passierten gute Dinge, egal, was in unseren Herzen vor sich ging. Wenn wir uns schlecht benahmen, passierten nicht so gute Dinge. Meine Eltern versohlten mir dann den Hintern. Also erlangten die nicht so guten Dinge früh meine Aufmerksamkeit. Ich änderte mein Verhalten, um Schmerzen zu vermeiden, und das habe ich seither immer getan. Ich wette, Ihnen geht es genauso.

Vor vielen Jahren beschlossen ein Kumpel und ich, ein Straßenschild umzustellen. Wir hielten es für lustig, den Verkehr eine Auffahrt hinaufzuleiten, die auf eine Autobahn führte, die noch im Bau befindlich und abgesperrt war. Die Folge war, dass ich einen guten Teil der Nacht im Gefängnis verbrachte. Also änderte ich mein Verhalten. Ich stellte nie wieder ein Verkehrsschild um.

Schmerz zufügen, in Verlegenheit bringen, Geldstrafen verhängen und den Hintern versohlen werden allgemein für effektive Mittel gehalten, die Aufmerksamkeit eines Menschen auf sein Verhalten zu lenken. Folglich sind Sie und ich viel besser darin geworden, unser Verhalten zu beobachten als unser Herz.

Aber es ist nicht nur die Vermeidung von Schmerz, die uns antreibt. Gutes Verhalten kann lohnend sein. Als professioneller Christ – ich bin Pastor von Beruf – werde ich dafür bezahlt, gut zu sein. Also habe ich gelernt, meine Worte und mein Verhalten so zu verändern, dass ich meinen Ruf, und somit meine berufliche Laufbahn, nicht schädige. Sie haben zweifellos dasselbe getan. Was auch immer Ihr Beruf ist, es gibt immer Dinge, die Sie einfach nicht tun würden. Nicht, weil Sie nicht wollen, sondern wegen der beruflichen Konsequenzen. Vielleicht gibt es Worte und Sätze, die Sie nicht benutzen, obwohl sie genau wiedergeben würden, was Sie fühlen. Ich wette, es gibt ein paar Leute, die Sie zu mögen vorgeben, weil es vorteilhaft für Sie ist. Und das ist alles vollkommen in Ordnung. Mehr als das, es ist sogar notwendig. Schließlich, wie mein Kumpel Charlie immer gern sagt, muss jeder essen und ein Dach über dem Kopf haben.

Aber dieses ganze Verstellen kann problematisch sein, weil es uns erlaubt, den wahren Zustand unseres Herzens zu ignorieren. Solange wir das Richtige sagen und tun, sind wir versucht, das auch zu glauben. Das hat uns unsere Kindheitserfahrung gelehrt. Aber wenn unser öffentliches Auftreten irgendwann zu weit davon entfernt ist, wie wir in unserem Herzen sind, ist der Ärger unausweichlich. Letztendlich wird unser Herz – unser *wahres* Ich – schneller sein als unsere Versuche, alles, was wir sagen und tun, zu überwachen. Und die ungelösten Probleme, die unentdeckt in unserem Herzen rumoren, werden sich schließlich an die Oberfläche arbeiten. Sie werden vor allem in unser Verhalten durchsickern, in unseren Charakter und in unsere Beziehungen. Wenn unser Herz weiterhin unbeobachtet bleibt, wird, was auch immer darin wächst, sich so sehr verschlimmern, dass wir es irgendwann nicht mehr mit sorgfältig gewählten Worten und Verhaltensweisen im Zaum halten können.

Also lassen Sie sich noch einmal von mir fragen: Wie geht es Ihrem Herzen?

Abdriften

Vielleicht haben Sie schon bemerkt, dass die Dinge schon ein wenig ins Rutschen geraten sind. Vielleicht waren Sie immer in der Lage, Ihren Ärger unter Kontrolle zu halten, aber in letzter Zeit liegt so ein Unterton in Ihrer Stimme, der sogar Sie selbst erschreckt. Und was ist mit diesen gelegentlichen Ausbrüchen, die durch Ihre sonst so steinerne Fassade schlüpfen?

Sie wissen, Sie sollten sich mit Frank über seine Beförderung freuen, aber aus irgendeinem Grund tun Sie es nicht. Die Wahrheit ist, dass Frank diese Person aus Ihrer Vergangenheit verkörpert, die etwas gekauft, gewonnen oder geschenkt bekommen hat, das Sie wollten, und jetzt stellen Sie fest, dass Sie es Frank verübeln.

Meine Damen, was ist mit Ihrer Schwägerin, die diese Jeans trägt, die Sie wohlweislich gar nicht erst anprobieren, weil Sie wissen, dass Sie nicht hineinpassen? Sie sieht toll aus, aber Sie werden es ihr bestimmt nicht sagen. Aber warum nicht? Warum stört es Sie? Sie wissen, das sollte es nicht. Also tun Sie so, als sei alles in Ordnung. Ist es aber nicht.

Das sind alles nur Symptome eines tiefer sitzenden Problems. Ihr Herz ist Angriffen ausgesetzt und es kann sein, dass Sie verlieren. In erster Linie durch Nachlässigkeit. Schließlich hat uns nie jemand gesagt, dass wir unser Herz genauer untersuchen sollen.

Anhaltspunkte für einen inneren Kampf sind Aussagen wie:

»Ich kann nicht glauben, dass ich das eben gesagt habe.«

»Ich weiß gar nicht, wo das herkam.«

»Ich kann nicht fassen, dass ich das getan habe.«

»Das sieht mir gar nicht ähnlich.«

Herzuntersuchung

Kardiologen nutzen ein Verfahren namens Angiografie, um den Gesundheitszustand des Herzens von Patienten zu prüfen. Ein Angiogramm ist ein Röntgenbild der Arterien, nachdem ein Farbstoff in den Blutstrom injiziert wurde. Das Kontrastmittel erlaubt es den Ärzten, Verstopfungen in den Arterien zu erkennen.

Wenn Verstopfungen entdeckt werden, kann ein erfahrener Kardiologe einen Stent, eine Art Gittergerüst zur Abstützung von Gefäßwänden, durch eine Arterie in das Bein des Patienten einführen, ihn bis zum Herzen hochschieben und damit die Blutgefäße öffnen, sodass das Blut in verstopften oder beschädigten Regionen wieder frei fließen kann. Es ist unglaublich, diese Prozedur auf Video zu sehen. Man kann tatsächlich sehen, wie das Kontrastmittel durch die Arterien fließt und dann anhält, wenn es einen Bereich erreicht, der verstopft ist. Selbst ein Laie kann den Problembereich entdecken, wenn das Kontrastmittel einmal injiziert ist – so eindeutig sichtbar ist es.

Aber außer durch ein Angiogramm kann ein lebensbedrohliches Herzproblem jahrelang unentdeckt bleiben. Jemand, der einen Gefäßverschluss hat, nimmt Symptome wahr, aber diese Symptome können den Anschein erwecken, als stünden sie nicht direkt mit dem Herzen in Verbindung. Verstopfte Arterien können sich durch Rückenschmerzen, Schlaflosigkeit, Angstgefühle, Appetitlosigkeit, Magenverstimmungen, Übelkeit, verändertes Sehvermögen, sogar Gedächtnisschwund bemerkbar machen.

Was wollte ich gerade sagen? Ach ja.

All dies sind Symptome, die voneinander unabhängige Probleme sein können, die nichts mit der Gesundheit des Herzens zu tun haben, und oft auch als solche behandelt werden. Und die richtigen Medikamente können die meisten dieser Symptome lindern. Das Problem ist natürlich, dass die Symptombehandlung den wahren Übeltäter verschleiert. Schlimmer noch, es schiebt die Behandlung des Problems hinaus, folglich kann sich das Problem verschlimmern.

Das Herz des Ganzen

Die Feinde des Herzens können eure Beziehungen, euren Charakter und sogar euren Glauben zerstören.

Gleichermaßen sind wir versucht, die symptomatischen Nebenprobleme zu behandeln, die aus einem ungesunden Herzen stammen, während wir die tiefer sitzenden Probleme ignorieren. Aber wie im Fall des physischen Herzens wird das Grundproblem schließlich zu einem realen Problem werden. Und genau wie ein Herzinfarkt unseren Körper zerstören kann, so hat eine geistliche Herzkrankheit das Potenzial, uns zu zerstören und unseren wertvollsten Beziehungen den Lebenssaft auszusaugen.

Auf den nächsten hundert Seiten werden wir also etwas herumstochern. Ich werde mein Bestes tun, um Ihr Herz dem durchdringenden Licht von Gottes Wahrheit auszusetzen. Wie das Kontrastmittel, das im Angiogramm benutzt wird, kann die Wahrheit uns helfen, die Blockaden in unserer geistlichen Verfassung genau zu lokalisieren. Wenn der Problembereich einmal identifiziert ist, liegen die Lösungen meist auf der Hand. Eigentlich sind die Lösungen sogar recht einfach. Aber zuerst müssen wir uns mit den häufigsten Blockaden, ihren Ursachen und ihren Symptomen vertraut machen.

Auf diesen Seiten werde ich mich mit den vier Hauptfeinden des Herzens beschäftigen – vier das Leben blockierende Erreger, die sich dort aus verschiedenen Gründen festsetzen können. Jeder davon hat die Macht, Ihre Beziehungen zu zerfressen, Ihren Charakter und sogar Ihren Glauben. Wir werden einige Kapitel damit verbringen, sie uns alle genau anzusehen. Danach werde ich Sie herausfordern, vier neue Gewohnheiten anzunehmen. Ich bezeichne sie oft als »Gewohnheiten des Herzens« – Gewohnheiten, die das Herz trainieren und ihm helfen, den Rhythmus beizubehalten, für den es geschaffen wurde. Jede dieser Gewohnheiten ist ein Gegenmittel für eine von vier Krankheiten, die Ihr Herz befallen können. Drei der vier Gewohnheiten werden sich wahrscheinlich vertraut anhören; die vierte ist vielleicht neu für

Sie. Wenn sie beständig angewandt werden, können diese vier Disziplinen Ihrem Herzen Heilung und Ganzheit bringen, wie auch immer Ihre momentane Situation aussieht. Es gibt Grund zur Behauptung, dass diese Gewohnheiten auch Ihre körperliche Gesundheit positiv beeinflussen können. Ich persönlich glaube, dass diese Gewohnheiten das Potenzial haben, alles zu verändern.

Wenn all dies für Sie zu schön klingt, um wahr zu sein, möchte ich Sie an die Aussage erinnern, die Gott vor Generationen gemacht hat und die heute immer noch wahr und von außerordentlicher Bedeutung ist. Er sagte, dass er einem Mann oder einer Frau ein neues Herz geben kann (siehe Hesekiel 36,26). Das Interessante ist, dass er das zu einem Volk sagte, das bereits eine Liste von Gottes Top-Ten-Verhaltensweisen hatte, an die es sich halten konnte. Aber das reichte ihnen offensichtlich nicht, um zu wissen, *was* sie tun sollten; sie mussten sich von innen heraus ändern, um es wahr zu machen. Für jeden von ihnen, wie für uns auch, war es nötig, ihre Alltagsmaske fallen zu lassen und eine vollständige und gesunde Person zu werden.

Was wir brauchen, ist ein Herz, das mit unserem äußerlichen Gehorsam Schritt halten kann.

Nimm zwei

Wenn Sie in der Art von Kirchengemeinde aufgewachsen sind, in der ich aufgewachsen bin, könnte der Gedanke daran, dass Gott immer noch etwas an Ihrem Herzen arbeiten muss, etwas innere Spannung bei Ihnen verursachen. Vielleicht haben Sie vor einiger Zeit ein Gebet gesprochen und Jesus eingeladen, in Ihr Herz zu kommen. Und wie ich haben Sie vielleicht angenommen, dass alles gut sein würde, wenn er einmal darin wohnte. Ich meine, Jesus hat es sich in meinem Herzen bequem gemacht, also ist alles prima, oder? Aber irgendwo auf dem Weg ist jeder von uns gezwungen, sich der schmerzhaften Wahrheit zu stellen, dass nicht alles in Ordnung ist. Also beten wir das Gebet ein zweites oder drittes Mal aus Angst, dass es beim ersten Mal nicht geklappt hat. Und trotzdem sehen wir weiterhin beunruhigende Anzeichen, dass unser Herz nicht vollkommen neu ist. Was also ist los?

Was los ist, ist Folgendes: Was Gott im Moment unserer Rettung beginnt, ist nicht im selben Moment vollständig. Ich wette, das wussten Sie schon von selbst, oder? Wenn Sie es noch nicht wussten, würde ich wetten, Ihr bester Freund weiß es. Auf die Gefahr hin, es zu sehr zu vereinfachen, lassen Sie es mich so ausdrücken: Jesus mag in Ihr Herz gekommen sein, aber er hat vielleicht nicht vollen Zugang bekommen. Deshalb sind Sie nicht immer bereit – so glücklich Sie auch darüber sind, dass Ihnen vergeben wurde –, die Vergebung auf andere auszuweiten. Das hat mit dem Herzen zu tun. Sosehr Sie sich über den Erfolg freuen, den Sie erleben, freuen Sie sich doch nicht immer darüber, wenn jemand anders einen Erfolg genießt. Auch das hat mit dem Herzen zu tun. Beides zeigt, dass Gott noch nicht vollendet hat, was er in Ihnen begonnen hat. An Ihnen wird immer noch gearbeitet. Es bleibt immer noch etwas Arbeit am Herzen zu tun.

Ein Letztes, bevor wir weitermachen. Ihr Herz ist nicht über Nacht in seinen momentanen Zustand geraten. Es wird auch nicht über Nacht gesund werden. Sie können nicht innerhalb eines Augenblicks die Auswirkungen von jahrelangen Verstopfungen durch Schuld, Ärger, Gier, Neid und Eifersucht überwinden. Neue Gewohnheiten des Herzens anzunehmen ist ein Prozess, aber es ist ein Prozess, der einige unmittelbare Ergebnisse erbringen wird. Meine Hoffnung ist, dass diese unmittelbaren Dividenden Sie ermutigen und motivieren werden, diese neuen Gewohnheiten weiterhin zu pflegen, bis Sie in den Zustand kommen, den Ihr Schöpfer sich für Sie wünscht und wofür er Sie geschaffen hat.

Kapitel 2

Nicht alles ist, wie es scheint

Dr. Morbius: *Mein böses Ich steht vor der Tür und ich habe nicht die Kraft, es zu stoppen!*

Alarm im Weltall (1957)

Der Vikar: *Nimm dich in Acht! Nimm dich in Acht vor dem Biest in dir ...!*

Wallace & Gromit: Auf der Jagd nach dem Riesenkaninchen (2005)

Wenn Sie NBA-Fan (NBA = National Basketball Association) sind, werden Sie sicher den Namen Peter Maravich kennen. Wenn Sie keine Ahnung von Sport haben wie ich, sagt er Ihnen vielleicht nichts. Wenn Sie ihn nicht kennen, keine Sorge. Was jetzt kommt, wird schnell und schmerzlos.

Lange bevor es einen *Doctor J* oder einen *Magic* oder *Air Jordan* gab, gab es eine Pistole. *Pistol Pete Maravich.* Er war ein dürrer, weißer Verteidiger der Mannschaft der *Louisiana State University*, der das Basketballfeld als Bühne benutzte. Wenn Pete aufs Feld schoss, flippten die Fans aus. Seine Anwesenheit machte das Spiel zu einer Show. Er war der Meister des Hinterm-Rücken-, Über-die-Schulter-, Schau-in-die-andere-Richtung-Passes. »Wenn ich die Wahl habe, eine Show zu machen oder einen direkten Pass zu werfen«, sagte Maravich, der drei Mal in die nationale Auswahlmannschaft gewählt wurde, »und wir machen den Punkt so oder so, würde ich immer die Show wählen.«

Obwohl Pistol Pete in der NCAA I, der obersten Collegeliga der USA, die meisten Körbe aller Zeiten erzielte, war es seine spielerische Gerissenheit, die die Fans blendete und verwirrte, die in Scharen kamen, um sein kreatives Genie zu sehen. Der Ball schien durch ein unsichtbares Band mit seinen Fingern verbunden zu sein, sodass Pistol Petes geschicktes Dribbling seine Gegner oft dumm dastehen ließ, wenn der Ball reibungslos zwischen seinen Beinen, hinter seinem Rücken und durch die kleinste Lücke in der Verteidigung glitt.

Während eines Sommer-Trainingslagers versicherte ihm der legendäre Trainer Lefty Driesell, dass der große Oscar Robertson auch ohne großspurige Pässe Erfolg hatte. Maravich erwiderte, dass er Millionär werden wolle, »und sie zahlen dir keine Million Dollar für beidhändige Brustpässe«. An der Louisiana State University, wo Pistol Pete für seinen Vater, Press, spielte, stellte er heute noch gültige College-Liga-Rekorde auf mit seinen 44,5 Punkten pro Spiel während einer Saison (1969-70), einem Durchschnitt von 44,2 Punkten in seiner ganzen Karriere (1967-70) und 3 667 Punkten insgesamt. Während seiner NBA-Karriere wurde Maravich für fünf »All-Star«-Teams ausgewählt und wurde später zu einem der fünfzig besten Spieler in der Geschichte der Liga gewählt.

»Pistol« trug seine Haare lang und zottig und seine Socken anscheinend zwei Größen zu groß, aber er produzierte riesige Trefferquoten. Drahtig und in fantastischer körperlicher Verfassung, sah Maravich aus, als könne er tagelang spielen, ohne müde zu werden, während er Fans und Spieler gleichermaßen mit seinem »Street-Ball«-Stil beeindruckte.

Aber am 5. Januar 1988, nur ein paar Jahre nachdem er aufgehört hatte, aufreibende 70-plus-Spielpläne zu spielen, brach Pistol Pete bei einem Freundschafts-Basketballspiel mit einer Gruppe, zu der auch der Leiter von *Focus on the Family* James Dobson gehörte – Maravich sollte später an diesem Tag in Dobsons Radiosendung zu Gast sein –, zusammen und starb im Alter von 40 Jahren an einem Herzinfarkt. Eine Autopsie ergab, dass er an einem nicht diagnostizierten Herzfehler gestorben war – er war mit nur einer Koronararterie geboren worden statt mit den üblichen zwei.

Geschichten wie die von Pistol Pete oder Reggie White – Bildern von anscheinend perfekter Athletik, die in relativ jungen Jahren tragisch und plötzlich an einem Herzinfarkt starben – bringen uns dazu, uns mit einer ernüchternden Wahrheit auseinanderzusetzen: Der körperliche Zustand eines Menschen spiegelt nicht immer den Zustand seines Herzens wider. Es kann verhängnisvoll sein, von der bloßen Beobachtung der körperlichen Leistungen eines Menschen auf den Gesundheitszustand seines Herzens und seiner Gefäße schließen zu wollen.

Umgekehrt kennen Sie wahrscheinlich jemanden, dessen Vorstellung von einer ausgewogenen Ernährung in einer Schachtel Donuts mit einem Sechserpack Cola light besteht. Sein Herz ist dennoch wundersamerweise wie neu. Wie eine Schweizer Uhr schlägt es einfach immer weiter, egal, wie sehr es misshandelt oder vernachlässigt wird. Noch einmal: Das Verhalten ist nicht immer ein genauer Indikator dafür, was im Inneren vor sich geht.

Die Warnzeichen

Es wurde bereits erwähnt: Wenn man ein Herzproblem hat, weiß man nicht zwingend auch, dass man ein Herzproblem hat. Manchmal gibt es keine erkennbaren Symptome. Wenn Symptome da sind, kann es scheinen, als hätten sie keinen Bezug zum Herz-Kreislauf-System. Manche haben das Glück, dass sie entdecken, dass sie ein Herzproblem haben, während sie versuchen, diese Symptome zu lindern, aber Herzpatienten beginnen ihre medizinische Reise selten beim Kardiologen. Im Allgemeinen suchen die Leute keinen Kardiologen auf, bis ihnen ihr Hausarzt dazu rät.

Nun sind unsere Körper so einzigartig gemacht, dass sie uns Notsignale geben, wenn etwas nicht stimmt. Wie Leuchtsignale an einem klaren Nachthimmel warnen diese Signale vor drohender Gefahr. Signale, die nicht ignoriert werden sollten. Aber diese Signale müssen diagnostiziert werden. Und sie können leicht falsch gelesen und interpretiert werden.

Wenn Sie die Bibel öffnen, finden Sie sowohl im Alten wie im

Neuen Testament ein ähnliches Konzept im Zusammenhang mit der Gesundheit Ihres anderen Herzens – wobei Ihr anderes Herz der immaterielle Teil von Ihnen ist, der beim Anblick von gewissen Menschen liebt, hasst, stolpert und schmilzt. Die Bibel schreibt diesem anderen Herzen eine große Anzahl von Übeln zu. Dinge, die wir normalerweise gar nicht mit unserem Herzen in Verbindung bringen würden. Wie der Mann, der gewohnheitsmäßig nach seiner *Rennie-Tablette* greift, wenn seine vom Herzen verursachte »Magenverstimmung« ihn weckt, tendieren wir dazu, nach Heilmitteln zu greifen, um unsere Symptome zu behandeln, ohne uns je mit dem Grundproblem zu beschäftigen. Deshalb scheint es, als wollten die Symptome niemals verschwinden.

Vielleicht kann eine Erläuterung helfen.

Grundprobleme

Wir schwören, dass wir uns nie wieder so verhalten werden. Und wir meinen es ernst. Dann wiederholen wir unseren Fehler.

Stellen Sie sich einen Moment vor, Sie hätten ein Haus mit einem großen Birnbaum im Garten gekauft, der jedes Jahr überreich Birnen trägt. Und zwar so überreich, dass der Birnbaum das Gewicht all der Früchte nicht tragen kann und Ihr Garten zu einem Birnensee wird. Normalerweise wäre das kein Problem, bis auf die Tatsache, dass Sie jedes Mal, wenn Sie durch Ihren Garten gehen, mit Birnenmatsch an den Schuhsohlen ins Haus kommen. Schlimmer noch, wenn Sie Ihren Rasen mähen, werden die herabgefallenen Birnen zu Überschallprojektilen – fruchtige Geschosse, die auf Ihr Auto zielen, Ihr Haus und den Zaun Ihres Nachbarn. Als wäre das nicht schlimm genug, stinken in der Sommersonne faulende Birnen entsetzlich, ziehen Insekten an und ersticken das Gras.

Was tun Sie also? Sie könnten sich jederzeit einen Eimer schnappen und die ganzen Birnen auflesen. Das würde Ihr Problem für ein paar Wochen lösen, vielleicht für eine Saison. Aber wenn der nächste Frühling kommt, werden Sie wieder genau da stehen, wo Sie angefangen haben. Wenn Sie das Birnenproblem loswerden wollen, würden Sie sich wahrscheinlich nicht dafür entscheiden, einfach die herabgefallenen Birnen aufzusammeln. Sie würden eine dauerhaftere Herangehensweise wählen.

Wie wir sehen, ist der erste Ansatz jedoch genau die Art, wie wir normalerweise unsere Herzprobleme angehen. Wir sammeln auf und entschuldigen uns für die unsensiblen Aussagen und unangemessenen Verhaltensweisen. Wir schwören uns selbst, und vielleicht auch den Menschen um uns herum, dass wir uns nie wieder so verhalten werden. Und wir meinen es ernst. Dann wiederholen wir unseren Fehler. Und wir ziehen unseren Eimer heraus und sammeln sie alle auf und teilen eine weitere Runde Entschuldigungen aus.

Wenn wir belesen sind, haben wir vielleicht sogar eine gute Erklärung dafür parat, warum es so schwer für uns ist, den Kreis zu durchbrechen. »Schließlich haben unsere Eltern ... blablabla ... und der Druck bei der Arbeit ... blablabla ...« Und so reden wir weiter, beschuldigen und erklären. Aber letztendlich ändert sich gar nichts wirklich.

Wenn Sie nicht wollen, dass das Obst Ihren Garten verstopft, ist die einzig wahre Lösung, den Baum mit den Wurzeln auszugraben und das Problem ein für alle Mal zu beseitigen. Wenn Sie sich mit der Quelle beschäftigen, haben Sie sich mit dem Problem beschäftigt.

Sind Sie nicht froh, dass ich Sie darüber aufgeklärt habe?

Okay, während ich Ihre Intelligenz mit dem Offensichtlichen beleidige, lassen Sie mich einen Schritt weiter gehen. Wir sind nicht überrascht, wenn Birnbäume weiterhin Birnen abwerfen. Sie wären nicht überrascht, in einer Apfelplantage überall Äpfel verstreut zu finden. Sie würden erwarten, auf ein paar Birnen zu treten, wenn Sie unter einem Birnbaum entlanggehen. In jedem Fall kennen Sie die Quelle und Sie wissen, was getan werden muss, um den Boden von überflüssigem Obst zu befreien.

Also sagen Sie mir eines: Was ist die Quelle des unangemessenen

Verhaltens und der verletzenden Worte, die den Boden um Sie herum übersäen? Besonders diejenigen, die aus Ihrem Mund gefallen und durch Ihre Hände entstanden sind. Sie wissen, wovon ich spreche. Das ganze Zeug, was Sie immer wieder aufzukehren und wegzureden versuchen, was aber immer wiederkommt. Was ist die Quelle?

Während Sie darüber nachdenken, denken Sie bitte auch gleichzeitig noch darüber nach: Was ist die Lösung? Wenn die Quelle einfach ein paar Verhaltensgewohnheiten wären, hätten Sie sie bereits besiegt. Wenn die Lösung »Gib dir mehr Mühe!« bedeuten würde, hätten Sie das Problem inzwischen überwunden. Was ist also die Quelle und was die Lösung?

Anders als ein Obstbaum, der zu viele Früchte trägt, können wir uns selbst nicht zusammenschneiden und abtransportieren lassen. Aber seien wir ehrlich, es gibt vielleicht Menschen, die zusammengepackt und sich von *Ihnen* wegbewegt haben, weil sie genug davon hatten, von Ihrem schlechten Fallobst getroffen zu werden. Und es kann sein, dass Sie sich selbst in manchen Fällen entfernt haben, wenn Ihnen klar geworden ist, dass jemand, der Ihnen nahestand, sich niemals ändern würde.

Also, was ist die Quelle und was die Lösung?

Lasst uns die Frage auf eine andere Art stellen.

Ups!

Ist Ihnen das je passiert? Sie sagen etwas, was vollkommen untypisch für Sie ist, und Sie halten sich den Mund zu, als wollten Sie sagen: »Ich kann nicht glauben, dass ich das gesagt habe.« Vielleicht sagen Sie sogar: »Wo kam das denn her?« Die Leute sehen Sie an, als dächten sie: »Huch! Wo kam das denn her?«

Wo *kam* das also her? Keine Ahnung?

Wie wäre es mit einer wilden Vermutung?

Sie denken, dieser Ausbruch war eine Ausnahme. Und auf eine Art war er das auch. Es war eine Ausnahme davon, was Sie normalerweise tun, nämlich nicht zu erlauben, dass das, was in Ihrem Herzen ist, vor dem Rest der Welt entblößt wird. Aber wie wir im nächsten Kapitel sehen werden, war dieser peinliche Ausbruch keine *Ausnahme* davon, was in Ihrem Herzen ist. Es war eine Spiegelung dessen, was in Wirklichkeit da unten herumwirbelt.

Wir haben alle gelernt, sehr geschickt darin zu sein, unseren Herzen Deckung zu geben. Wir sind tatsächlich so gut darin, dass die meisten von uns keine Ahnung haben, wie geschädigt wir in Wirklichkeit sind. Aber ab und zu zeigt unser Herz sich öffentlich. Wir schwören, dass wir es nicht so gemeint haben. Aber die Wahrheit ist, dass wir es nur nicht *sagen* wollten.

Um die Wahrheit zu sagen

Was, wenn es plötzlich unmöglich wäre, all den Schrott zu verbergen, den Sie normalerweise vor dem Rest der Menschheit verstecken?

Erinnern Sie sich an Jim Carrey in »Der Dummschwätzer«? Wenn Sie den Film nicht gesehen haben – und ich empfehle Ihnen das nicht unbedingt: Carrey spielt die Rolle von Fletcher, einem Anwalt und pathologischen Lügner, dessen Sohn sich wünscht, dass sein Vater einen vollen Tag lang die Wahrheit sagt. Auf magische Weise ist es für Fletcher vierundzwanzig Stunden lang nicht möglich, über irgendetwas zu lügen. Plötzlich ist sein Herz entblößt – und zwar *vollkommen* entblößt. Sein Mund wird zu einem ungefilterten Spiegel dessen, was ständig in seinem Herzen rumort. Fletchers wichtigstes Kapital (sein Mund) wird zu seiner größten Bürde. Er kann nichts verschleiern. Er ist ungeschützt.

Wenn es uns plötzlich unmöglich wäre, all den Schrott zu verbergen, den wir normalerweise vor dem Rest der Menschheit verstecken, dann habe ich das Gefühl, wir wären plötzlich alle äußerst interessiert daran, uns mit der Quelle dessen auseinanderzusetzen, was uns plagt. Wenn die Filter wegfallen, würden wir zweifellos unerbittlich den Zustand unseres Herzens reparieren. Wie der Mann, der entdeckt, dass er nur noch ein paar Cheeseburger vor einem ernsten Herzinfarkt steht, würden wir unsere Prioritäten neu setzen, um dieses dringende Problem anzugehen.

Tun Sie nicht, was ich tue

Aber es sind nicht nur unsere Worte, die uns überraschen, oder? Wie oft haben Sie sich dabei ertappt, wie Sie etwas taten, von dem Sie wussten, dass Sie es nicht tun sollten? Etwas, was Sie grundsätzlich ablehnen. Etwas, was Sie sofort verurteilen würden, wenn es jemand anderer täte. In meinem Fall sogar Dinge, gegen die ich gepredigt habe! Und dann murmeln wir vor uns hin: »Ich weiß nicht, warum ich das gemacht habe. Das sieht mir gar nicht ähnlich.«

Wo *kam* es also her? Was ist die Quelle?

Hat der Teufel Sie das tun lassen?

Das ist doch mal eine Idee. Vielleicht war es der Teufel! Vielleicht sind wir gar nicht wirklich verantwortlich oder zumindest nicht vollkommen verantwortlich für unsere Taten. Vielleicht können wir am Ende tatsächlich jemand anderen verantwortlich machen.

Interessanterweise ermutigt uns die Bibel nicht zu versuchen, unser uncharakteristisches Verhalten auf Satan zurückzuführen. Nein, sie weist uns in eine ganz andere Richtung.

Ich kann Ihnen keinen Vorwurf machen – oder mir selbst, wenn wir schon dabei sind –, wenn Sie versuchen, die Schuld von Ihnen wegzuschieben. Niemand gibt gern zu, dass er Herzprobleme hat. Es klingt so ernst. Ich weiß, mir geht es besser, wenn ich denke, dass meine gelegentlichen Ausrutscher eine reine Verhaltenssache sind. Schließlich ist keiner perfekt. Aber wenn Sie mir sagen, mein Herz sei fehlerhaft oder müsse repariert werden ... na ja, das tut weh. Dann fühle ich mich wie ein *schlechter* Mensch, wie ein Kandidat für irgendein Rehabilitationsprogramm.

Ich habe fünfzehn Jahre lang mit Highschool-Schülern gearbeitet, und ich kann mich gar nicht an all die Male erinnern, wo ich Eltern beraten habe, deren Kinder in irgendeine Art von Schwierigkeiten geraten waren. Mama und Papa sagten dann Sachen wie: »Er ist ein guter Junge. Er hat ein gutes Herz. Er ist nur ein bisschen in Schwierigkeiten geraten.«

Falsch.

Ja, er ist ein süßer Junge. Er ist ein talentierter Junge. Aber er ist kein »guter« Junge. Gute Jungs tun gute Dinge, so ähnlich wie Birnbäume Birnen produzieren. In Wirklichkeit war das Herz ihres Kindes verfault. Jedes dieser Kinder hatte ein Herzproblem, nicht nur ein Verhaltensproblem. Und die Eltern, die das Grundproblem anerkannten und entsprechend reagierten, wurden immer mit einer Verbesserung im Verhalten ihrer Kinder belohnt. Aber die Eltern, die sich die schmerzhafte Wahrheit nicht eingestehen wollten, mussten sich letztlich immer und immer wieder mit denselben Problemen herumschlagen. Ein Kind zu bestrafen tut nichts für sein oder ihr Herz; es zögert lediglich weitere Unglücke hinaus.

Beschuss durch die eigenen Truppen

Kommen wir zurück zu Ihnen. Ich habe hier etwas, was die Leute um Sie herum wissen, was Sie aber vielleicht noch nicht kapiert haben: Die Menschen, die Ihnen am nächsten stehen, fangen sich routinemäßig den Beschuss durch das explosive Zeug ein, das Sie normalerweise so gut verstecken. Es kommt vielleicht nicht auf dem Golfplatz heraus. Es kommt nicht in Gegenwart nur flüchtig Bekannter heraus. Und es kommt fast nie in einem gesellschaftlichen Rahmen heraus. Was in Ihrem Herzen ist, kommt zu Hause heraus, wo Sie die »Sicherung« abgestellt haben und sich nicht mehr dagegen wehren. Das sind die Momente, wo das Herz sich selbst auf die negativsten Arten den Leuten entblößt, die Sie am meisten lieben.

Wir verletzen am meisten, wen wir am meisten lieben.

Eine schmerzhafte Wahrheit.

Aber es gibt eine Lösung. Wir müssen uns ändern. Wir müssen uns von innen heraus ändern. Es wird uns nichts helfen, wenn wir unser Verhalten besser kontrollieren. Unsere Worte und Taten sind einfach ein Maßstab dessen, was im Inneren vor sich geht. Sie zeigen an, wer wir sind, wer wir nicht sind und wo wir hinsteuern. Aber der wahre Schuldige ist das Herz. Das ist der Ort, wo die wahre Umwandlung sich abspielen muss.

Nicht überzeugt? Lesen Sie weiter ...

Kapitel 3

Wenn Regeln kollidieren

Dr. Emanuel: *Diese Narren! Wir sind so dicht davor, das Geheimnis von Leben und Tod zu lüften, und sie sorgen sich um ihre heiß geliebten Gesetze.* Curse of the Faceless Man (1958)

Dr. Frankenstein: *Sprich! Ich weiß, du hast eine Zunge, denn ich habe sie dir selbst angenäht.* Frankensteins Tod (1957)

Als Heranwachsender durfte ich nicht »darn« sagen. Im Deutschen wäre das vielleicht »verflixt«. »Darn« klang zu sehr wie »damn«, also »verdammt«. Zumindest war das der Grund, den man mir nannte. Aus ziemlich demselben Grund durfte ich nicht »gosh« oder »gee« sagen. »Gosh« klang wie »God« und »gee« wie »Jesus« (Sie durften vielleicht nicht »oh je« sagen, weil es auch wie »Jesus« klingt).

Für ein Kind sind das allerdings keine sehr zwingenden Gründe, diese Worte nicht zu benutzen. Ich fand, ich sollte im Gegenteil eine Belohnung dafür bekommen, wenn ich nicht »damn« oder »God« sagte. Trotzdem, so lauteten die Regeln. Und die Strafe? Nun, die ergab auch nicht viel Sinn. Meine Eltern sagten mir, dass die Folge einer Verletzung dieser Regeln wäre, dass mir der Mund mit Seife ausgewaschen würde.

Ich konnte es mir nicht vorstellen. Aber es klang nicht wie etwas, was ich erleben wollte. Also versprach ich, nichts zu sagen, was wie etwas klang, das ich nicht sagen sollte. Und lange Zeit tat ich es auch nicht. Leider hat alles irgendwann ein Ende.

Eines Nachmittags spielte ich mit meinen Kumpels aus der Nachbarschaft im Garten. Kumpels, die übrigens ebenfalls nie »Darn« sagten, aber aus anderen Gründen. Jedenfalls waren wir mitten in einem spannenden Fahrradrennen, als ich mich vergaß und rief: »Geh mit dem verflixten (›darn‹) Fahrrad aus dem Weg!«

Ich habe keine Ahnung, wie meine Mutter vom Inneren des Hauses aus meine Stimme von all den anderen Jungenstimmen im Garten unterscheiden konnte. Aber sie konnte es. Das Nächste, was ich weiß, war, dass sie auf der Türschwelle stand. Sehr ruhig sagte sie: »Andy, bitte komm ins Haus.«

Ich wusste es nicht, aber meine Mutter war nicht darauf vorbereitet, was als Nächstes passierte. Mir den Mund mit Seife auswaschen war eigentlich die Idee meines Vaters gewesen und er war nicht zu Hause. Er war nicht einmal in der Stadt! Also hatte Mum die unangenehme Aufgabe, mir den Mund mit Seife auszuwaschen – etwas, was sie nie zuvor getan hatte und wovon sie nicht wusste, wie es gehen sollte.

Und all das wegen eines Wortes, das nicht einmal ein schlimmes Wort war. Es *klang* nur wie eines.

Sie führte mich ins Bad, nahm meine Zahnbürste aus dem Schrank, kratzte ein paar Mal damit über den Seifenblock und putzte mir damit die Zähne. Ich musste mich fast erbrechen. Meine Mutter sah auch nicht besonders gut aus.

Bis heute weiß ich nicht, ob diese spezielle Bestrafung so ausgeführt wird, aber eines weiß ich: Die Zahnbürstenmethode ist effektiv. Und das war das einzige Mal, dass mir der Mund mit Seife ausgewaschen wurde. »Verdammt« kam seither nie in meinem Wortschatz vor.

Regeln um der Regeln willen

Meine Eltern waren nicht die Ersten, die eine Nebenregel aufstellten, um jemanden davon abzuhalten, die Hauptregel zu brechen. Vor Tausenden von Jahren machten religiöse Anführer einen Beruf daraus. Zu der Zeit, als Jesus auf dem Schauplatz erschien, waren den Gesetzen, die Mose von Gott selbst gegeben worden waren, mehr als fünfhundert Regeln hinzugefügt worden. Diese ständig wachsende Zahl von Regelungen wurde »die Tradition der Ältesten« genannt. Ihr einziger

Zweck bestand darin, die jüdische Bevölkerung davon abzuhalten, versehentlich eines der ursprünglichen Gebote zu brechen. Die fünf Bücher Mose verboten zum Beispiel den Handel am Sabbat. Also fügten sie eine Klausel hinzu, die das Hantieren mit Geld am Sabbat verbot, und stellten damit sicher, dass niemand das ursprüngliche Sabbatgesetz übertrat. Mit der Zeit hatten die religiösen Anführer diesen Traditionen denselben Stellenwert wie Moses Gesetzen eingeräumt.

Zum fortwährenden Leidwesen der Pharisäer und Sadduzäer kümmerte sich Jesus sehr wenig um ihre Traditionen. Während er und seine Jünger das mosaische Gesetz befolgten, schien sich Jesus besondere Mühe zu geben, die von Menschen gemachten Gesetze der jüdischen Priesterschaft zu brechen. Die religiösen Autoritäten wiesen oft auf diese Übertretungen hin als Beweis für seine unverhohlene Geringschätzung der Gesetze, womit er ihrer Meinung nach seinem Anspruch, ein Sprecher Gottes zu sein, widersprach.

Im Matthäusevangelium wird von solch einem Vorfall berichtet. Interessanterweise war die Regel, die Jesus bei dieser Gelegenheit Ärger einhandelte, eine Regel, die wir auch bei uns zu Hause haben. Er vergaß – na ja, ich schätze, Jesus vergaß *niemals* etwas. Er *beschloss*, sich nicht die Hände zu waschen, bevor er aß. Und seine Jünger folgten seinem Beispiel. Das störte die Pharisäer, genau wie meine Frau.

Laut der Tradition der Ältesten sollte sich jeder von den Fingerspitzen bis zu den Ellbogen hinauf waschen, bevor er am Essen teilnahm. Pedantisch, wie es scheinen mag, bemühte sich die Tradition der Ältesten sehr zu erklären, wie man sich die Hände vor dem Essen waschen sollte. Über die Grundbegriffe der Hygiene hinaus sollte diese Regel Leute davor bewahren, versehentlich zeremoniell unrein zu werden – das heißt, sie hielt die Leute davon ab, unbeabsichtigt das Falsche oder etwas, das etwas Falsches *berührt* hatte, in ihren Körper zu bekommen.

Aber sich vor einer Mahlzeit die Hände zu waschen, wurde nicht von Moses Gesetzen vorgeschrieben. Natürlich ist es eine gute Idee, aber die Rabbis hatten es zu einem Maßstab für Rechtschaffenheit gemacht. Mit der Zeit hatte diese Regel in der jüdischen Gesellschaft dieselbe Bedeutung erlangt wie die ursprünglichen Gebote, die auf dem Berg Sinai gegeben wurden.

Aber Jesus ignorierte diese Regel und bestand auch nicht darauf, dass seine Jünger sie befolgten. Und so ging die ganze Sache weiter, wie sie in Matthäus 15,1-20 (GNB) überliefert ist:

> Damals kamen Pharisäer und Gesetzeslehrer aus Jerusalem zu Jesus und fragten ihn: »Warum übertreten deine Jünger die Vorschriften, die von den früheren Gesetzeslehrern aufgestellt und dann weiterüberliefert worden sind? Warum waschen sie sich nicht die Hände vor dem Essen?«

Offensichtlich suchten diese Typen eine Beschäftigung. Hier stehen sie nun, vor einem Mann, der mit seinem Wort die Kranken heilt und Stürme stillt, und sie regen sich darüber auf, dass er sich vor dem Essen nicht die Hände wäscht.

Jesus beantwortet ihre Frage mit einer Gegenfrage: »Und warum übertretet ihr das Gebot Gottes euren überlieferten Vorschriften zuliebe?«

Er wendet das Ganze gegen sie. Die Pharisäer klagen ihn an, die Regeln zu ignorieren, die sie den Gesetzen hinzugefügt hatten. Jesus wiederum klagt sie an, Gottes Gebote zu brechen, um eine ihrer Zusatzregeln zu halten. Dann, bevor sie reagieren können, setzt er zu einer vernichtenden Minipredigt an. Er hält sich nicht zurück, nennt sie Heuchler. Er klagt sie an, das Wort Gottes ihren selbst gemachten Traditionen zuliebe für nichtig zu erklären. Es war brutal.

Sobald er mit den Pharisäern fertig ist, wendet Jesus seine Aufmerksamkeit den Jüngern zu (die vermutlich damit beschäftigt waren, sich bei dem Schauspiel, wie die religiösen Sachverständigen mit ihren eigenen Waffen geschlagen wurden, gegenseitig zufrieden auf die Schultern zu klopfen). Er greift das Thema Reinlichkeit auf, das die Pharisäer begonnen haben:

> Begreift ihr nicht, dass alles, was durch den Mund aufgenom-

men wird, in den Magen gelangt und dann vom Körper wieder ausgeschieden wird?

Das ist mal eine Erkenntnis. Was in den Mund eines Menschen geht, wandert letztendlich durch den Körper ... Ich bezweifle, dass irgendwer außer Matthäus das niedergeschrieben hat. Aber jetzt, wo er ihre ungeteilte Aufmerksamkeit hat, macht Jesus klar, was er meint.

Was aber aus dem Mund herauskommt, kommt aus dem Herzen, und das macht den Menschen unrein.

Sein Argument? Gott sorgt sich nicht halb so sehr darum, was in unseren Mund geht, wie darüber, was aus unserem Mund kommt. Gott macht sich nicht halb so viel daraus, was in unseren Körper geht, wie darüber, was aus unserem Körper kommt. Das war Neuland für die Juden; sie waren extrem vorsichtig damit, was sie in ihren Mund steckten. Und jetzt sagte Jesus, dass Gott das, was herauskommt, als größeres Ärgernis empfand als das, was hineingeht.

Aber es war sicherlich die folgende Bemerkung, die ihre Aufmerksamkeit erlangte: »Was aber aus dem Mund herauskommt, kommt aus dem Herzen.«

Das Herz? Alles, was aus dem Mund kommt, kommt aus dem *Herzen*? *Alles*? Meinte er das wirklich? Auf den ersten Blick bin ich geneigt zu widersprechen. Sicher hat doch nicht alles, was aus meinem Mund kommt, seinen Ursprung in meinem Herzen?

Wenn Sie wie ich sind, gab es jede Menge Momente, in denen Sie Dinge gesagt haben, die Sie nicht so meinten. Wieder haben wir uns den Mund zugehalten und gemurmelt: »Ich weiß gar nicht, wo *das* herkam!« Aber offenbar würde Jesus entgegnen: »Ich weiß es. Es kam von innen. Es kam aus deinem Herzen.«

Aber es wird noch schlimmer.

Jesus sagt weiter, dass das Herz nicht nur für unsere Worte verantwortlich ist, sondern auch für unsere Taten:

> Denn aus dem Herzen kommen die bösen Gedanken und mit ihnen Mord, Ehebruch, Unzucht, Diebstahl, falsche Zeugenaussagen und Beleidigungen. Das ist es, was den Menschen unrein macht, aber nicht, dass er es unterlässt, sich vor dem Essen die Hände zu waschen.

Böse Gedanken? Ich dachte, die kämen aus meinem ... Geist. Wenn Jesus recht hat – und ich wette, er hat recht –, ist nicht mein Geist die Quelle all meiner Gedanken. Es geht tiefer. Meine bösen Gedanken stammen aus meinem Herzen. Sehen Sie sich die anderen Begriffe auf seiner Liste an. Es sind alles Taten, Handlungen und Verhaltensweisen. Und sie kommen alle aus dem Herzen.

Überwachen Sie das mal

Die Auswirkungen davon sind immens. Wie wir es in der Einleitung angeschnitten haben, neigen wir dazu, unser Verhalten zu überwachen, während wir unsere Herzen ziemlich ignorieren. Wie soll man schließlich sein Herz überwachen? Ein Auge auf mein Verhalten zu haben, ist leicht. Ich habe übrigens jede Menge Hilfe dabei. Ich kann in meinem Verhalten nicht weit danebenliegen, ohne dass jemand mich darauf aufmerksam macht. Aber mein Herz? Das scheint ein wenig komplizierter zu sein.

Aber wenn die Begriffe auf Jesu Liste vom Herzen ausgehen, brauchen wir eindeutig eine neue Überwachungsstrategie. Schließlich würden wir, wenn wir wüssten, wie wir unser Herz überwachen können, wenn wir wüssten, wie man Probleme an der Wurzel angeht, vielleicht eine merkliche Verbesserung in unserem Verhalten feststellen. Man fragt sich, warum uns das nie jemand beigebracht hat.

Völlig überraschend

Was in unserem Herzen ist, gut oder schlecht, kommt schließlich als Worte und Taten heraus.

Jesus war nicht der Erste, der auf die Bedeutung des Herzens hingewiesen hat. Fast tausend Jahre vorher fand sich bei Salomo Jesu Anliegen wieder, als er schrieb: »Behüte dein Herz mit allem Fleiß, denn daraus quillt das Leben« (Sprüche 4,23; L). Hier wird uns sogar gesagt, dass wir unser Herz »behüten« oder bewachen sollen. Warum? Weil unser Leben – das heißt unsere Worte und Verhaltensweisen – aus unserem Herzen fließt. Das Herz ist die Quelle.

Irgendwie wird das, was in unserem Herzen ist, Gutes oder Schlechtes, schließlich in Worte und Taten übersetzt. Das ist ein bisschen Furcht einflößend. Vor allem, weil es so schwierig ist zu wissen, was dort drinnen vor sich geht. Wenn wir zum Beispiel etwas hören oder sehen und plötzlich von Gefühlen überwältigt werden, denken wir: *Das geht mir wirklich ans Herz.* Aber wir sind immer überrascht, wenn es passiert, nicht wahr? Warum? Vielleicht, weil wir so wenig in Kontakt mit unserem Herzen stehen. Auf der anderen Seite haben wir alle schon Dinge gehört und gesehen, die uns emotional hätten berühren sollen, und ... nichts. Keine Reaktion. Und wir fragen uns: *Was stimmt nicht mit mir? Warum waren alle berührt und ich stand nur ungerührt da?* Vielleicht wurde Ihnen sogar vorgeworfen, »hartherzig« zu sein oder ein »Herz aus Stein« zu haben. Wenn Sie ein Mann sind, sind Sie vielleicht sogar stolz darauf, dass Ihr Herz nicht so leicht zu bewegen ist. Aber ist das gut? Und ist das überhaupt wahr?

Das Herz ist solch ein Mysterium. Ein Prophet stellte über das Herz sogar die Frage: »Wer kann es durchschauen?« (Jeremia 17,9; NLB). Gute Frage. Die Antwort lautet: niemand. Dem kann ich bereitwillig zustimmen. Und selbst wenn wir tatsächlich anfangen, es zu verstehen, können wir es sicherlich nicht kontrollieren – was umso mehr ein Grund dafür ist, dass wir lernen müssen, es zu überwachen. Es ist wie die seismische Aktivität eines schlafenden Vulkans: Was man nicht kennt, kann einen sehr wohl verletzen. Wenn Sie je die Konsequenzen von irgendetwas auf Jesu Aus-dem-Herzen-Liste tragen mussten, wissen Sie, dass das eine Tatsache ist.

Plötzlich reicht jemand die Scheidung ein.

Plötzlich werden die Noten eines Kindes schlechter und sein Verhalten ändert sich.

Plötzlich wird ein harmloser Zeitvertreib zu einer zerstörerischen Gewohnheit.

Aus dem Nichts heraus durchbohren verheerende Worte die Seele eines nichts ahnenden Freundes oder Familienmitglieds.

Wir haben es alle erlebt, gefühlt, sogar verursacht. Genau wie es Jesus vorhergesagt hat: Was dem geheimen Ort entspringt, wird nicht immer ein Geheimnis bleiben. Letztendlich wird es seinen Weg in unsere Häuser, Büros und Umgebung finden.

Okay, wir sind also alle Vulkane, die darauf warten auszubrechen. Und jetzt? Wie bekämpfen wir etwas, was wir nicht einmal sehen können? Wie hüten wir – oder vielleicht wäre es angemessener zu sagen: *Hüten wir uns vor* – unsere(n) Herzen? Wie überwachen wir, was an diesem geheimen Ort vor sich geht und jeden Moment herauskommen kann?

Ich bin froh, dass Sie gefragt haben. Das ist das, was wir in den nächsten Stunden gemeinsam entdecken werden.

Kapitel 4

Der Tag, an dem meine Welt stillstand

Ro-Man: *Ja! Wie ein Mensch sein! Lachen! Fühlen! Wollen! Warum ist all das nicht eingeplant?* Robot Monster (1953)

Wake me up inside.
Wake me up inside.
Call my name and save me from the dark.

Weck mein Inneres auf.
Weck mein Inneres auf.
Ruf meinen Namen und rette mich vor der Dunkelheit.

Evanescence: »Bring Me To Life«

Nördlich von Atlanta befindet sich eine Kreuzung, wo sich zwei große Highways treffen: I-285 und I-85. Wenn ich Kreuzung sage, meine ich keine Ampel. Diese Monstrosität des Straßenbaus des zwanzigsten Jahrhunderts erstreckt sich über mehrere Kilometer und umfasst unzählige Überführungen und Ausfahrten. Ich bin Hunderte Male über, unter und durch dieses Autobahnkreuz gefahren und muss immer noch sorgfältig auf die Schilder achten, damit ich nicht plötzlich wieder in die Richtung fahre, aus der ich gekommen bin.

Vor Jahren, als das Autobahnkreuz eröffnet wurde, rief der örtliche Radiosender einen Wettbewerb aus, um diesem gewaltigen Gewirr aus Beton und Stahl einen Spitznamen zu geben. Mein Lieblingsvorschlag war »The Car-Strangled Spanner«, was in Anlehnung an den Namen der amerikanischen Flagge (»The Star-Spangled Banner«) etwa »Der Autos strangulierende Schraubenschlüssel« heißt. Der Name, der hängen blieb, war aber »Spaghetti Junction«, »Spaghetti-Kreuz«. Wenn man von oben darauf schaut, ist der Name auf jeden Fall passend. Und so verwirrend er zu befahren ist, ist er eigentlich ein außergewöhnlich gut funktionierender Verkehrsknotenpunkt – außer man kommt zwischen vier und sechs Uhr nachmittags vorbei. Während dieser Tageszeit wird das Spaghetti-Kreuz zu einem mehrspurigen Parkplatz. Alles kommt zum Stillstand. Alle Hoffnungen, zum Abendessen zu Hause, früher bei einem Ballspiel oder rechtzeitig bei einer Sitzung zu sein, werden zerschmettert.

Fast jeder in der Umgebung von Atlanta wird irgendwann einmal mit einem Lächeln auf den Lippen und einem Lied im Herzen auf das Spaghetti-Kreuz gefahren sein, nur um eine Stunde später wieder herauszufahren mit Visionen davon, seinen ganzen Besitz zu verkaufen und aufs Land zu ziehen. Das Gute ist, dass jeder es früher oder später erkennt. Weniger gut ist, dass wenige mit derselben Haltung herauskommen, mit der sie hineingefahren sind. In meinem Fall bedeutet das: Je länger ich dort stecke, desto schlimmer wird meine innere Einstellung.

Der andere Knotenpunkt

Das Herz ist ebenfalls ein Knotenpunkt. Alles, was wir erleben, wird in unserem Herzen verarbeitet, das Gute und das Schlechte. Das Leben stürmt von allen Seiten auf uns ein, aber es wird durch das Herz kanalisiert. Unglücklicherweise haben unsere negativen Erfahrungen die Neigung, dort stecken zu bleiben. Schließlich arbeiten sie sich durch unsere Worte und Taten wieder heraus; aber wegen der Verzögerung zwischen Eingang und Ausgang wird es oft schwierig, den Zusammenhang herzustellen.

Wir sind also zornig und wissen nicht, warum. Wir sind unzufrieden, sehen aber keinen wirklichen Grund, warum wir so fühlen. Wir sind aufgebracht gegen gewisse Arten von Menschen, obwohl sie nichts getan haben, womit sie es verdient hätten. Wir sind neidisch, obwohl wir die ganze Zeit über wissen, dass es dumm ist, jemanden nicht leiden zu können, weil er etwas hat, was wir nicht haben. Keines dieser Dinge ergibt einen Sinn, aber sie sind real. Und wenn man sie nicht untersucht, können sie uns in selbstzerstörerische und beziehungsvernichtende Verhaltensmuster treiben.

Vielleicht hatte Jesus also recht. Vielleicht kommt dieser ganze Schrott, den wir an uns selbst nicht mögen, tatsächlich »aus dem Herzen«.

Verstopfte Arterien

Die natürliche Reaktion auf Schmerz, körperlich oder emotional, ist, ihn zu stoppen – und dafür zu sorgen, dass es nie wieder passiert.

Vielleicht hatte Jesus recht? Natürlich hatte er recht.

Das Herz sickert in *jedes* Gespräch durch. Es diktiert jede Beziehung. Unser Leben selbst entspringt dem Herzen. Wir leben, erziehen, führen, identifizieren, verlieben, konfrontieren uns, reagieren, antworten, beauftragen, regeln, lösen Probleme und lieben vom Herzen aus. Unser Herz beeinflusst die Intensität unserer Kommunikation. Unser Herz hat die Kraft, unsere Empfindlichkeit und Unempfindlichkeit zu verstärken. Jeder Bereich des Lebens überschneidet sich mit dem, was in unserem Herzen vor sich geht. Alles kommt auf seinem Weg dort vorbei, wo auch immer es hingeht. Alles.

Daher stammt die Notwendigkeit, unsere Herzen zu überwachen. Selbst wenn das Leben faire Voraussetzungen bieten würde, müssten wir ein klares Auge darauf haben, was in diesem unsichtbaren, aber entscheidenden Teil unseres Selbst vor sich geht. Aber das Leben bietet keine fairen Voraussetzungen.

Seien wir ehrlich, das Leben ist nicht immer nett. Jeder erlebt ein gewisses Maß an Verletzung und Zurückweisung, manche mehr als andere. Als Folge dieser unvermeidlichen Gegebenheiten bleiben unangenehme Dinge in unserem Herzen hängen. Wir haben sogar eine Sprache entwickelt, um dieses Phänomen zu beschreiben:

»Ich werde nie wieder einem Mann vertrauen.«
»Ich werde nie wieder lieben.«
»Ich werde mein Herz nie wieder jemandem schenken.«
»Ich brauche niemanden.«
»Ich lasse niemanden an mich heran.«
»Sie hat mir das Herz gebrochen.«
»Er hat mich verletzt.«

Oder wenn wir über Menschen sprechen, deren Herzen verletzt wurde, sagen wir Dinge wie:

»Er ist hartherzig.«
»Du wirst sie nie richtig kennenlernen können. Sie hat Mauern um sich gezogen.«
»Er hat Schwierigkeiten zu vertrauen.«
»Sie ist kalt.«
»Ihn umarmen ist wie einen Eisblock umarmen.«

Die frühesten unserer Wunden werden uns während der Kindheit zugefügt. Zu dieser Zeit hält uns unser Alter davon ab, klar zu verarbeiten, was wir fühlen; alles, was wir wissen, ist, dass es schlecht ist und dass wir nie wieder so fühlen wollen. Niemals. Wenn die Verletzung wiederholt wird, fangen wir an, Bewältigungsmechanismen zu entwickeln. Das müssen wir. Die natürliche Reaktion auf Schmerzen ist, sie zu stoppen und, wenn wir sie einmal gestoppt haben, dafür zu sorgen, dass es nicht wieder passiert. Das gilt sowohl für körperliche als auch für emotionale Schmerzen. Und in manchen Fällen übertreiben wir, um unseren Schmerz zu stoppen. Extreme Schmerzen erfordern extreme Maßnahmen.

Namenloser Schmerz

Ich war dabei, als die Gefühle meines ältesten Sohnes zum ersten Mal verletzt wurden. Es war schrecklich. Andrew war fast vier. Wir feierten eine Party und ein Erwachsener scherzte mit ihm über etwas herum. Plötzlich verschloss sich Andrew einfach. Ich hatte diesen Ausdruck nie zuvor auf seinem Gesicht gesehen, aber ich wusste genau, was passiert war. Er drehte sich ohne ein Wort um und ging ins Wohnzimmer. Ich folgte ihm, und als Andrew mich sah, starrte er mich nur mit einem Blick voller Schmerz und Verwirrung an. Er fühlte etwas, das er nie vorher gefühlt hatte, und er hatte keine Ahnung, was er mit diesen Gefühlen tun sollte. Ich setzte mich auf die Couch und streckte meine Arme aus. Er blieb einfach stehen. Ich griff nach ihm und hielt ihn einfach im Arm. Es hatte keinen Sinn zu versuchen, ihm zu erklären, dass die Person, die diese Bemerkung gemacht hatte, nur Spaß gemacht hatte. Es war unwichtig. Es waren neue, namenlose Gefühle und er konnte nirgendwohin damit. Also hielt ich ihn nur im Arm.

Nach ein paar Minuten stellte ich ihn vor mich hin und sagte: »Das hat innen wehgetan, nicht?« In diesem Moment brach Andrew in Tränen aus. Und ich war so froh, dass er das tat. Ich bin kein Psychologe, aber ich kenne die Gefahr, wenn wir etwas erlauben, sich in unserem Herzen einzunisten. Und ich wollte das Herz dieses kleinen Jungen so lange wie möglich frei von Trümmern halten. Seine Tränen reinigten sein kleines Herz, und ich hielt ihn einfach im Arm, während sie flossen.

Unglücklicherweise war bei den meisten von uns niemand da, als wir unsere erste Verwundung erhielten. Also trugen wir sie einfach mit uns herum, entschlossen, so etwas nie wieder geschehen zu lassen. Bis wir Heranwachsende waren, hatten wir alle verwundete Herzen. Zwischen den kleinen Stichen von unseren Freunden, Eltern, Lehrern, Trainern und von unseren Gegnern in der Schule gab es keine Möglichkeit, das zu vermeiden.

Meine Achillesferse waren meine Zähne. Ich hatte furchtbare Hasenzähne. Meine Zähne waren so schlimm, dass mein Kieferorthopäde einen Preis gewann, weil er einen Apparat erfand, um meinen Mund zu begradigen. Nicht nur meine Zähne – meinen ganzen Mund. Er stellte tatsächlich Vorher-nachher-Abdrücke von mir in seinem Büro aus. Jeder, der seine Zeugnisse anzweifelte, musste nur meine Abdrücke ansehen, um gebührend von seinem Können beeindruckt zu sein.

Ich bekam in den Jahren, bevor ich meine Zahnspange bekam, mehr als meinen gerechten Anteil an Beschimpfungen ab. Ich war so verletzt, ich weigerte mich, für Fotos zu lächeln. Auf jedem Bild von der vierten bis zur siebten Klasse weine ich entweder oder ich schaue böse drein. Die Kinder sagten mir, ich sähe komisch aus, und ich glaubte ihnen. Mir fällt es auch heute noch schwer, vor einer Kamera zu lächeln.

Ihr habt vermutlich selbst auch die eine oder andere Geschichte dieser Art zu erzählen. Sie erscheinen einem heute vielleicht sogar albern. Aber damals waren sie nicht albern. Lange nachdem wir abgenommen haben, die passende Größe zu unseren Füßen haben, herausgefunden haben, was wir mit unseren Haaren anstellen sollen, und aus den Aknejahren herausgewachsen sind, bleiben die Erinnerungen und Narben. Ich erinnere mich heute noch genau, mit welchen Namen mich manche Kinder in der sechsten Klasse bedachten. Eigentlich ist das alles, woran ich mich aus der sechsten Klasse noch erinnere.

Ich bin ziemlich sicher, dass niemand ohne eine oder zwei Wunden durch die Mittelstufe kommt.

Selbst zugefügte Wunden

Man kann jedoch nicht immer andere verantwortlich machen. Der Schrott, der sich in unseren Herzen einnistet, kommt aus einer ganzen Reihe von Quellen. Manchmal sind wir sogar selbst unsere schlimmsten Feinde.

Zum Beispiel können *Geheimnisse* das Herz schädigen. Ich habe Dutzende von Leuten beraten, die heimliche Angewohnheiten hatten oder Geheimnisse aus ihrer Vergangenheit mit sich herumtrugen. Diese Geheimnisse hatten sie dazu gebracht, Mauern in ihren Beziehungen zu bauen. In vielen Fällen brachten ihre eigenen Geheimnisse sie dazu, den Menschen gegenüber, die ihnen am nächsten standen, ungerechtfertigt misstrauisch zu sein. Das kommt daher, dass wir bei anderen normalerweise das vermuten, wessen wir selbst schuldig sind. Irgendwann forderten ihre Geheimnisse ihren Tribut. Diese Männer und Frauen fühlten sich schuldig, und sie trugen diese Schuld in all ihre Beziehungen mit hinein.

Eine ähnliche Dynamik kommt bei Scham vor. Wenn sich Scham in unserem Herzen festsetzt, beeinflusst sie letztlich auch unsere Worte und Verhaltensweisen. Das Extrembeispiel ist der Erwachsene, der sich plötzlich an einen Missbrauch in seiner Kindheit erinnert, Jahre nachdem der Vorfall passierte. Jeder, der sexuell missbraucht wurde oder mit einem Missbrauchsopfer verheiratet ist, kennt den Schaden, der damit dem Herzen zugefügt wurde.

Dies sind nur wenige Beispiele. Es gibt noch viel mehr. Wir werden uns mit den üblicheren davon später beschäftigen. Was ich sagen will, ist, dass niemand von uns ohne ein paar Dellen am Herzen das Erwachsenenalter erreicht. Unsere Reaktion auf diese Dellen bestimmt den Zustand unseres Herzens. Wir können nicht kontrollieren, wie Leute uns behandeln. Wir können ihre verletzenden Worte nicht stoppen. Aber wir können ihre Auswirkungen auf unsere Herzen überwachen. Und vielleicht, wie wir noch sehen werden, können wir den Schaden umkehren und unsere Herzen von weiteren destruktiven Gewohnheiten frei halten.

Ich, das Monster

Okay, ich sehe ein, dass die letzten paar Abschnitte etwas ... klinisch ausgefallen sind.

Aber vielleicht fragen Sie sich langsam: »Ist dies wirklich so wichtig?« Na gut, nein, ist es nicht – das heißt, wenn Sie auf einer Insel leben und nicht vorhaben, mit jemandem zu interagieren. Wenn das der Fall ist, ist der Zustand Ihres Herzens weitgehend irrelevant.

Aber wenn Sie sind wie ich und eigentlich versuchen, Beziehungen mit anderen Leuten auf dem Planeten Erde aufrechtzuerhalten, ja, dann ist das ein wichtiges Thema. Warum? Weil Herzprobleme immer in Beziehungen ihren Tribut fordern. Herzprobleme beeinflussen besonders die Fähigkeit einer Person, intime Beziehungen in Gang zu bringen und zu erhalten. Mit Intimität meine ich keine sexuellen Beziehungen, auch wenn ich sie nicht ausschließe.

Herzprobleme erschweren es, intimen Umgang zu pflegen, denn bei Intimität dreht sich alles um kennen und erkannt werden. Wer aus seiner Vergangenheit gleichsam Granatsplitter in seinem Herzen trägt, will nicht wirklich erkannt werden. Erkanntwerden läuft darauf hinaus, »gefunden« und »entdeckt« zu werden. Für Menschen mit Geheimnissen ist das eine erschreckende Vorstellung. Also bauen sie Mauern. Sie reagieren defensiv. Sie können ihnen nahekommen, aber es gibt eine Grenze. Und wenn Sie zu sehr drängen, wenn Sie darauf bestehen, hineingelassen zu werden – dann machen Sie sich auf etwas gefasst. Denn aus deren Mund fließt der Schrott, der immer aus einem Mund quillt, der zu einem verwundeten Herzen gehört. Und sie werden darauf bestehen, dass *Sie* das Problem sind.

Träger der vier Parasiten, über die wir gerade sprechen, sehen sich nicht gern im Spiegel. Sie haben es bereits getan, und sie fanden nicht gut, was sie sahen. Und jedes Mal, wenn Sie sie daran erinnern – absichtlich oder unabsichtlich –, werden Sie die Konsequenzen tragen. Und irgendwann könnten deren Probleme auch zu Ihren werden. Es stimmt, was man manchmal hört: *Verletzte Menschen verletzen Menschen.* Und wir könnten hinzufügen: ... *die Menschen verletzen, die Menschen verletzen.* Und so weiter und so weiter.

Aber ich bringe Sie dazu, sich wie das Opfer zu fühlen. Vielleicht sind ja *Sie* diejenigen, die hinter der Mauer leben? Vielleicht sind Sie diejenigen, die jemanden nur bis zu einem bestimmten Punkt an sich heranlassen können, bevor Sie sich verletzt fühlen und gezwungen sind, sich dahin zurückzuziehen, wo es angenehm, vertraut ist. Es kann sein, dass Sie dieses Buch in der Hoffnung in die Hand genommen haben, ein paar Antworten darauf zu finden, warum Sie tun, was Sie tun. Oder vielleicht hat es jemand, den Sie lieben, offen liegen lassen in der Hoffnung, dass Sie es lesen würden, sich danach richten und so die Grundlage für ein neues Stadium der Freundschaft oder vielleicht einer tieferen Beziehung in Ihrer Ehe schaffen. Oder vielleicht brauchen Sie einen Durchbruch mit einem Ihrer Kinder.

Wie auch immer Ihre Situation aussieht, die Chancen stehen gut, dass Sie ein bisschen Reinigung nötig haben. Das haben wir alle. Und wenn Sie bereit sind, einen möglicherweise schmerzhaften Blick in den Spiegel zu wagen, finden Sie vielleicht die Motivation, die Sie für eine Veränderung brauchen. Und dieses Buch wird Ihnen das Werkzeug liefern, das Sie brauchen, um diese Veränderung zustande zu bringen.

Defekter Glaube

Am äußersten Ende des Spektrums habe ich Menschen getroffen, deren unverarbeitete Verletzungen so tief gingen, dass sie ihren Glauben an Gott ausgelöscht hatten. Sie glauben nicht mehr an einen persönlichen Gott – nicht aus theologischen Gründen, sondern weil sie nicht darüber hinwegkommen, was ihnen geschehen ist oder jemandem, den sie lieben. Und wenn Sie diese Geschichten hören würden, würden Sie sie verstehen. Wenn sie Ihre Geschichte hören würden, würden sie Ihr Dilemma wahrscheinlich auch verstehen. Das Leben kann dem Glauben direkt den Boden unter den Füßen wegziehen.

Ich bin zu dem Punkt gekommen, dass ich, wenn ich Menschen treffe, die wirklich auf die Kirche und/oder den Glauben losgehen, selten ein theologisches Gespräch mit ihnen anfange. Es ist nicht die Theologie, was sie zu ihrer ... Theologie gebracht hat. In neun von zehn Fällen war es eine Lebenserfahrung oder eine Reihe von Erfahrungen, die etwas Missgestaltetes in ihren Herzen hinterlassen hat. Und mit der Zeit untergrub dieses Etwas ihren Glauben an Gott. Wieder kommen einem Jesu Worte in den Sinn: »Aus dem Herzen kommen ...«, und wir können den Satz selbst ergänzen.

Oft habe ich gesehen, wie der Glaube der Menschen plötzlich wieder lebendig wurde, scheinbar über Nacht, sobald sie ihre Herzprobleme angingen. Genau das passierte mit Joe. Ich traf Joe bei *Starbucks.* Er saß auf einem dieser gepolsterten Stühle, mit Kopfhörern und einem finsteren Blick, der sagte: »Kommt mir bloß nicht zu nahe.« Wenn sein Gesichtsausdruck noch nicht genug war, war Joe ungefähr fünfundfünfzig Jahre alt und kein schmächtiger Typ. Alles an seiner Miene und Körperhaltung vermittelte Zorn. Als ich ihn sah, vermied ich also den Blickkontakt und kümmerte mich um mich selbst.

Während ich auf meinen Sojamilch-Kaffee wartete, näherte Joe sich mir und sagte: »Sind Sie nicht Andy?« In diesem speziellen Moment war ich mir nicht sicher, ob ich Andy sein sollte oder nicht. Seinem Gesichtsausdruck nach wusste ich, ich wollte nicht ich sein. Aber als ich sah, dass eine Menge Leute um uns herumstanden und miterlebte, was geschah, nickte ich.

»Jemand hat mir eine von Ihren CDs gegeben«, sagte er. »Ich habe sie mir angehört. Aber ich muss Ihnen sagen, ich habe ein echtes Problem mit Gott, und mit der Kirche, wenn wir schon dabei sind.«

Joe hatte zwei schwierige Scheidungen hinter sich. Seine erste Frau war als Kind sexuell missbraucht worden und nie in der Lage, sich den damit zusammenhängenden Problemen zu stellen. Nach dreißig Jahren Ehe kamen die Erinnerungen an den Missbrauch an die Oberfläche und untergruben ihre Ehe, die in einer Scheidung endete. Seine Exfrau starb unerwartet zwei Jahre später. Joe heiratete dann wieder, aber nach drei Jahren endete auch diese Ehe in einer herzzerreißenden Scheidung. Joe war einsam, ein trockener Alkoholiker. Soweit er es beurteilen konnte, gab es keinen Anhaltspunkt für die Existenz Gottes.

Ich wusste nicht so recht, was ich sagen sollte, also fragte ich ihn, ob er bereit sei, ein Buch zu lesen. Er sagte Ja. Ich riet ihm, *Von Gott enttäuscht* von Philip Yancey zu kaufen, aber ich glaubte ehrlich gesagt nicht, dass er es tun würde.

Ich erwartete nicht, Joe je wiederzusehen. Aber ich sah ihn wieder.

Ein paar Wochen später saß er wieder auf demselben Stuhl bei *Starbucks*. Dieses Mal ohne Kopfhörer. Ich erinnerte mich an sein Gesicht, aber nicht an seinen Namen. Er kam zu mir herüber und sagte: »Ich habe dieses Buch gelesen.« Einen Moment lang konnte ich mich nicht erinnern, von welchem Buch er sprach.

Auf halbem Weg in unserem Gespräch brachte ich den Mut auf, ihn zu bitten, mir seinen Namen ins Gedächtnis zu rufen. Er schien nicht beleidigt zu sein. Das Buch habe ihm nicht geholfen, sagte er, aber es sei wirklich ein tolles Buch.

Also sagte ich: »Joe, wären Sie bereit, mit jemandem zu sprechen?«

Er zögerte. »Ich glaube nicht, dass das etwas bringen würde«, sagte er.

Ich war selbst nicht sicher, aber ich wusste, dass Joe Hilfe brauchte. Und ich kannte genau die richtige Person dafür. Ich ließ mir Joes Telefonnummer geben und gab sie einem unserer Pastoren weiter, John Woodall. John rief Joe an, traf sich mit ihm auf einen Kaffee und begann eine Freundschaft mit ihm. Das war das Letzte, was ich für eine Weile von Joe sah und hörte.

Drei Monate später saß ich in demselben *Starbucks* und sprach mit einem Studentenpastor einer anderen Gemeinde, als Joe hereinkam. Als er mich sah, steuerte er direkt auf meinen Tisch zu. Das Erste, was ich bemerkte, war, dass er lächelte. Das Zweite, was ich bemerkte, war, dass er eine Bibel, ein Notizbuch und ein Buch über die Ehe trug.

»Ich heirate nächste Woche!«, verkündete er. Ich wusste nicht, was ich denken sollte.

»Wen?«, fragte ich.

»Susan!«, rief er aus. Susan war seine Exfrau. »Susan und ich heiraten noch einmal. John wird uns trauen.«

Ich konnte in Joes Augen sehen, dass etwas Bemerkenswertes geschehen war. Und das war es tatsächlich. Im Lauf von mehreren Treffen mit John fand Joe den Mut, die Schuldzuweisungen aufzugeben und stattdessen einen Blick darauf zu werfen, was in seinem Herzen rumorte. Er war ein zorniger Mann gewesen, mit guten Gründen dafür. Aber wie so viele Menschen hatte Joe keine Ahnung, was er gegen diesen Zorn *tun* sollte. Und sein ungeklärter Zorn hatte seinen Glauben untergraben, bis er beinahe nicht existent war.

John hatte Joe geholfen, eine der neuen Gewohnheiten anzunehmen, über die wir später sprechen werden. Und sofort war Joes Glauben lebendig geworden. Mit seinem erneuerten Glauben kam die Motivation, die er brauchte, um andere Probleme in seinem Leben anzugehen. Die Veränderung war so beachtlich, dass Susan es bemerkt hatte und begonnen hatte, Fragen zu stellen. Bald darauf übergab sie ihr Leben Christus. Die Woche bevor Susan und Joe wieder heirateten, taufte John sie in einem unserer Frühgottesdienste.

Joes Geschichte erinnert mich an den Text des Lieds von Evanescence »Bring Me to Life«:

How can you see into my eyes like open doors,
Leading you down into my core
Where I've become so numb without a soul,
My spirit sleeping somewhere cold
Until you find it there and lead it back home.

Wie kannst du in meine Augen sehen wie durch offene Türen,
Die dich hinunter in mein Innerstes führen
Wo ich so betäubt und seelenlos geworden bin
Und mein Geist an einem kalten Ort schläft
Bis du sie dort findest und zurück nach Hause führst.

Wie so viele war Joe taub für das Leben Gottes geworden, weil sein Herz Schaden genommen hatte. Man muss ihm zugutehalten, dass er um Hilfe bat. Sein himmlischer Vater war nur zu bereit, ihm zu antworten, und brachte Joe zurück ins Leben.

Teil 2

Die Kreaturen sind unter uns

Erzähler: *Der Verstand des Menschen hatte an alles gedacht – bis auf das, was über seinen Verstand hinausging!*

Das Grauen aus der Tiefe (1955)

Joan: *Ich hatte erwartet, mich in meiner Hochzeitsnacht zu erschrecken, aber nicht so.*

Invasion of the Saucer Men (1957)

Kapitel 5

Die geheime Kammer

DOC: *Dies ist überall in der Galaxie ein Albtraum.*

Alarm im Weltall (1957)

You're unforgiven, so go on living,
Knowing that I've unforgiven you.

Dir wurde nicht vergeben, also lebe weiter
In dem Bewusstsein, dass ich dir nicht vergeben habe.

The Go-Go's, »Unforgiven«

Im Hollywood der 1930er- und 40er-Jahre war Universal Pictures der unangefochtene König der Monsterfilme. Boris Karloff, Bela Lugosi und Lon Chaney jr. machten sich als Schauspieler einen Namen, indem sie auf dem Universal-Studiogelände unter dicker Schminke schufteten und das Publikum der Wirtschaftskrisen-Ära in zahllosen Horrorfilmen schaudern ließen. Immer und immer wieder belebte Universal vier legendäre (und lukrative) Leindwandmonster wieder: Dracula, die Mumie, den Wolfsmenschen und Frankensteins Monster.

Später, in den 50ern und 60ern und darüber hinaus, förderte die *Toho Company* aus Japan Abendkassengold, indem sie Tokio von ihrer eigenen Sorte Filmmonster immer wieder in Schutt und Asche legen ließ. Randalierende radioaktive Dinosaurier, außerirdische Giganten und sogar prähistorische Raupen fühlten sich auf den Tummelplätzen um den Berg Fuji wie zu Hause. Undurchdringbar für sämtliche Geschosse, überlebten vier dieser Kreaturen wieder und wieder, um internationale »Berühmtheit« zu erlangen: Rodan, Mothra, Ghidorah und der größte Star von allen, Godzilla.

Aber lange bevor diese Schrecken sich in der cineastischen Landschaft herumtrieben, richtete ein anderes gefürchtetes Vierergespann Verwüstungen im menschlichen Herzen an. Diese vier bösen Geister sind die Herren des Chaos und ließen unzählige Tausend aus ihren Häusern fliehen.

Es sind die vier Hauptfeinde des Herzens – vier das Leben lahmlegende Erreger, die sich im Herzen einnisten, unsere Beziehungen vergiften, unseren Glauben und unseren Charakter. Diese zersetzenden Mächte gewinnen Kraft aus der Dunkelheit. Heimlichkeit ist ihr größter Verbündeter. Wenn man sie in Ruhe lässt, wachsen ihre Macht und ihr Einfluss wie ein Laborexperiment, das furchtbar schiefgegangen ist.

Aber wie wir sehen werden, verlieren diese Kreaturen ihre Macht, wenn sie dem Licht ausgesetzt werden. Wie Kakerlaken, die beim Umlegen des Lichtschalters auseinanderjagen, so zerstreuen sich diese vier Feinde des Herzens, wenn sie dem Licht der Wahrheit ausgesetzt werden.

Hier sind sie:

Schuld
Zorn
Gier
Neid

Mich schaudert, wenn ich sie ansehe.

Vielleicht fragen Sie sich, warum ich die sinnliche Lust nicht in die Liste aufgenommen habe. Das liegt daran, dass sie kein Problem ist, das gelöst werden muss; es ist ein Appetit, den man verwalten muss – ein Appetit, den Gott geschaffen hat. Das ist doch mal ein Gedanke! Wir werden auf die Lust in einem späteren Kapitel genauer eingehen, aber in der Zwischenzeit gebe ich Ihnen etwas, worauf Sie herumkauen können: Lust ist innerhalb der richtigen Beziehung eigentlich eine *gute* Sache. Um die Wahrheit zu sagen, wenn es die Lust nicht gäbe, gäbe es Sie auch nicht.

Die Schuld, die nie zurückgezahlt werden kann

Egal, was sonst im Moment vor sich geht, die Schuld ist immer mit dabei.

Jeder dieser vier Gegner auf der Liste wird durch eine einzige Dynamik angetrieben, und es ist diese Dynamik, die jeden davon so problematisch macht. Diese Dynamik zu verstehen ist der erste Schritt, um jedem dieser Monster in eurem Leben die Macht zu nehmen.

Schuld, Zorn, Gier und Neid – sie alle haben eine Schuld-Schuldner-Dynamik zur Folge, die in einer Beziehung immer ein Ungleichgewicht verursacht. Wenn Sie jemandem Geld schulden oder umgekehrt, wissen Sie, dass das so ist. Egal, was sonst im Moment vor sich geht, die Schuld ist immer mit dabei. Obwohl die Person, der etwas geschuldet wird, im Allgemeinen die Oberhand in der Beziehung hat, kann auch das Gegenteil der Fall sein. Wenn Sie jemals in einer Lage waren, wo jemand Ihnen Geld schuldete und sich weigerte, es zurückzuzahlen, wissen Sie, dass die Person, der etwas geschuldet wird, sich genauso machtlos und ausgenutzt fühlen kann wie jemand, der Schulden hat. Es hängt alles von der Persönlichkeit (und der Arroganz) der Beteiligten ab. So oder so sind die Dinge nicht ausgeglichen. Einer hat die Oberhand. Es gibt ein Ungleichgewicht.

Wenn wir über eine überfällige Schuld sprechen, eine, bei der es unwahrscheinlich ist, dass sie bald zurückgezahlt werden wird, steigt die Spannung. Selbst wenn jeder im Raum versucht, einen klaren Kopf zu behalten und über etwas ganz anderes zu reden, gibt es eine negative Schwingung, die die Wechselwirkung charakterisiert.

Es gibt nur zwei Wege, diese Art von Spannung zu lösen. Entweder der eine zahlt seine Schulden oder der andere muss die Schuld aufheben. Solange die Schuld unbezahlt oder nicht vergeben ist, regiert die Schuld die Beziehung. Sie wird zu einem Filter für alles.

Jetzt lassen Sie uns den ersten der vier Feinde des Herzens genauer betrachten.

Gestohlene Erinnerungen

Die Schuld sagt: »Ich schulde dir etwas.« Schuld ist das Ergebnis, wenn man etwas getan hat, was man als falsch erkannt hat. Alles Unrecht, das wir tun, kann man als Diebstahl umformulieren, wie wir gleich sehen werden. Wenn ich Ihnen etwas stehle, schulde ich Ihnen etwas. Also ist die Nachricht eines Herzens, das schuldbeladen ist: »Ich bin etwas schuldig!«

Denken Sie zum Beispiel an den Mann, der mit einer anderen Frau davonläuft und seine Familie verlässt. Ohne dass es ihm in diesem Moment bewusst ist, hat er jedem Mitglied seiner Familie etwas gestohlen. Er hat seiner Frau ihre erste Ehe gestohlen; er hat sie ihrer Zukunft beraubt, ihrer finanziellen Sicherheit, ihres Ansehens als Ehefrau. Aus der Perspektive seiner Kinder hat dieser Mann ihnen den Vater gestohlen und alles, was ein Vater für das Zuhause bedeutet. Er hat ihnen Weihnachten geraubt, Traditionen, emotionale und finanzielle Sicherheit, Abendessen mit der Familie und so weiter.

Nun denkt der Mann, der all das getan hat, nicht im Hinblick auf das, was er genommen hat. Anfangs denkt er daran, was er gewonnen hat. Aber beim ersten Mal, wenn sein kleines Mädchen ihn fragt, warum er Mami nicht mehr liebt, wird sein Herz aufgewühlt. Jetzt fühlt er sich schuldig. Die meisten in dieser Situation versuchen – achten Sie auf die Wortwahl – es ihren Kindern gegenüber »wiedergutzumachen«. Was wiedergutmachen? Wiedergutmachen, was nicht da ist. Wiedergutmachen, was weggenommen wurde. Aber jedes Kind, das in dieser Situation aufwächst, weiß, dass es keine Möglichkeit gibt, wiedergutzumachen, was genommen wurde, indem man versucht, es durch etwas anderes zu ersetzen. Der einzige Weg, wiedergutzumachen, dass Papa nicht da ist, um Junior ins Bett zu bringen, ist, dass Papa nach Hause geht und Junior ins Bett bringt.

Papa ist etwas schuldig. Eine Schuld-Schuldner-Beziehung wurde geschaffen. Und immer, wenn wir jemand anderem unrecht tun, schaffen wir dieselbe Dynamik.

Wir haben sogar eine spezifische Bezeichnungsweise angenommen, um unsere Schuld zu beseitigen. Wir sagen: »Ich muss mich bei ihr entschuldigen.« Warum müssen wir uns bei anderen entschuldigen? Weil unsere Herzen uns sagen, dass wir etwas genommen haben, dass wir auf gewisse Art jetzt Schuldner sind. Daraus folgt, dass es nur eine Möglichkeit gibt, alles in Ordnung zu bringen: bezahlen. Selbst wenn unsere einzige verfügbare Währung Worte sind – »Es tut mir leid« –, fühlen wir uns trotzdem verpflichtet, *wenigstens etwas* zu bezahlen.

Nichts weniger als die Schuld zurückzuzahlen wird ein schuldiges Herz von seiner Last der Schuld befreien. Die Leute versuchen, sie abzuarbeiten, abzudienen, abzuspenden und sogar abzubeten. Aber kein Maß an guten Taten, gemeinnütziger Arbeit, mildtätigen Spenden oder Sonntage auf einer Kirchenbank kann die Schuld leichter machen. Es ist eine Schuld. Und sie muss gezahlt oder erlassen werden, damit ein schuldiges Herz Erleichterung erfahren kann.

Kapitel 6

Tagebuch eines Verrückten

Lieutenant McPherson: *Ich frage mich, ob dieses Ding Gedanken lesen kann.*
Eddie: *Na ja, wenn es das kann, wird es richtig sauer sein, wenn es meine liest.*

Das Ding aus einer anderen Welt (1951)

Have you noticed that an angry man can only get so far until he reconciles the way he thinks things ought to be with the way things are?

Ist euch klar, dass ein zorniger Mann nur so weit kommen kann, bis er die Art, wie die Dinge seiner Meinung nach sein sollten, damit in Einklang bringt, wie sie sind?

Don Henley: »My Thanksgiving«

Die Schuld sagt: »Ich schulde dir etwas.« Der Zorn hingegen sagt: »Du schuldest mir etwas.« Wir werden zornig, wenn wir nicht bekommen, was wir wollen. Das ist ein ziemlich wichtiger Gedanke, und einer, bei dem Sie mir vielleicht nicht sofort zustimmen werden, deshalb sage ich es noch einmal: Zorn ist die Folge davon, dass wir nicht bekommen, was wir wollen. Was wir wollen, mag vielleicht mit einbeziehen, was wir verdienen. Denn wer will schließlich nicht, was er zu verdienen glaubt? Verstanden? Wenn nicht, lesen Sie es noch einmal. Dies ist wichtig – und erschließt sich nicht unbedingt von selbst. (Das bedeutet, dass ich auch lange gebraucht habe, bis ich es verstanden habe.) Vielleicht hilft es, wenn ich es durch eine Geschichte ein wenig anschaulicher mache.

Donald machte dreifache Überstunden, um seinen Chef davon zu überzeugen, dass er ihn für eine Führungsstelle in Betracht ziehen sollte, die in der Abteilung frei wurde, die sich um den Südosten kümmerte. Zu der Zeit wohnten er und seine Frau Carla im mittleren Westen und sie lebten dort gerne, aber Carlas ganze Familie lebte in Atlanta und sie erwartete ihr erstes Kind. Diese Beförderung an Land zu ziehen, hatte sowohl persönliche als auch berufliche Vorteile.

Es sah vielversprechend aus. Der Leiter des Südostbereichs ging wie versprochen in Rente, und Donalds Chef versicherte ihm, dass er für die Stelle im Rennen sei. Donalds und Carlas Freunde und Familie beteten alle, dass es klappen möge. Dann passierte etwas total Seltsames. Donalds Chef kam in sein Büro, setzte sich und verkündete, dass er darum gebeten habe, dass man *ihm* die Stelle in Atlanta gab. Donald konnte es nicht fassen. Sein Chef hatte nie Interesse an einem Umzug gezeigt. Schlimmer noch, er hatte Donald monatelang ermutigt, die Gelegenheit zu verfolgen.

Zwei Wochen später gab ein firmenweites Rundschreiben die große Neuigkeit bekannt: Donalds Chef war ausgesucht worden, um den Bereich Südoststaaten zu leiten. Und wie Sie sich vorstellen können, war Donald zornig. Warum? Weil er nicht bekam, was er wollte.

»Moment mal«, werden Sie einwenden, »das ist keine gerechte Beschreibung! Er war sauer, weil er das Gefühl hatte, er verdiene die Beförderung. Er war zornig, weil sein Chef ihn irregeführt und enttäuscht hatte.«

Sie haben recht. Donald dachte wirklich, er verdiene die Stelle. Er dachte außerdem, er verdiene, dass sein Chef ehrlich mit ihm sei. Der Punkt ist aber, dass er nichts von dem bekam, was er wollte.

Ich sage nicht, dass Donald nicht hätte zornig sein sollen. Aber selbst in dieser Situation, wo Zorn scheinbar gerechtfertigt ist, läuft es auf die Tatsache hinaus, dass er nicht bekam, was er wollte.

Denken Sie mal über eine Zeit nach, wo Sie wirklich zornig waren. Stimmt es nicht? Man hätte doch die ganze Situation auf diesen einfachen Gedanken reduzieren können: Sie wollten etwas und Sie bekamen es nicht. Anders ausgedrückt, Sie bekamen nicht, wovon Sie überzeugt waren, dass Sie es verdient hatten.

In anderen Worten: Jemand schuldete Ihnen etwas!

Unzustellbare Fracht

Die Wurzel des Zorns ist das Empfinden, dass etwas weggenommen wurde. Etwas wird Ihnen geschuldet.

Spielen Sie dies mit dem Szenario der verlassenen Familie durch, die ich weiter oben beschrieben habe, und es wird noch klarer. Es ist sehr wahrscheinlich, dass Sie den einen oder anderen kennen, dessen Vater mit einer anderen Frau durchgebrannt ist. Und die Chancen stehen ziemlich gut, dass diese Leute ein paar Probleme mit Zorn haben oder hatten. Und das ist auch verständlich. Ihnen wurde etwas weggenommen. Papa hat sich mit ihrer Chance auf eine »normale« Familie davongemacht. Er hat die Familieneinheit gestohlen.

Ein Kind (oder ein Erwachsener), das aus dieser Art von Situation kommt, hat jedes Recht, zornig zu sein; er oder sie wurde abgezockt. Jemand schuldet ihnen etwas. In diesem Fall ist es ihr Vater. Aber was, wenn Papa die Kinder davon überzeugt, dass er sie verlassen musste, weil ihre Mutter nie ... blablabla ... und weil sie immer ... blablabla? Na ja, dann schuldet Mama ihnen auch etwas!

Zeigen Sie mir einen zornigen Menschen und ich zeige Ihnen einen verletzten Menschen. Und ich garantiere Ihnen, dass dieser Mensch verletzt ist, weil ihm etwas weggenommen wurde. Jemand schuldet ihm etwas. (Und wenn es auch nur eine Entschuldigung ist.) Wir alle kennen Menschen, deren Zorn auf eine der folgenden Arten verbalisiert werden könnte: »Du hast mir meinen guten Ruf genommen.« »Du hast meine Familie gestohlen.« »Du hast mir die besten Jahre meines Lebens geraubt.« »Du hast meine erste Ehe gestohlen.« »Du hast mir meine Jugend geraubt.« »Du hast mich um meine Unschuld gebracht.« »Sie schulden mir eine Gehaltserhöhung.« »Sie schulden mir die Gelegenheit, es zu versuchen.« »Du schuldest mir eine zweite Chance.« »Du schuldest mir Zuneigung.«

Noch einmal, das ist der zentrale Punkt: Die Wurzel des Zorns ist das Empfinden, dass etwas weggenommen wurde. Es wird etwas geschuldet. Und damit wurde eine Schuld-Schuldner-Beziehung geschaffen.

Zornige Herzen

Man könnte leicht meinen, dass das einzige Heilmittel für unseren Zorn die Rückzahlung ist. Ist das nicht schließlich die Art, wie man eine Schuld begleicht? Welche andere Option gibt es? Und selbst wenn es einen anderen Weg gäbe, die Schuld zu umgehen, wäre das nicht gerecht. Die Leute sollten zurückzahlen, was sie schuldig sind. Eine Schuld zu erlassen bedeutet, den Schuldner vom Haken zu lassen. Er muss zahlen; andernfalls würde er sich direkt umdrehen und jemand anderen verletzen.

Die Ironie ist, dass die empfundene Schuld in den meisten Fällen nie zurückgezahlt werden kann. Wie zahlt man seinem fünfundzwanzigjährigen Sohn zurück, dass man nicht für ihn da war, als er zwölf war? Das geht nicht. Ich habe diesen Absatz damit begonnen, dass ich sagte, es sei eine *Ironie*, aber eigentlich ist es eine Tragödie. Es ist tragisch, weil Menschen einen großen Teil ihres Lebens damit verbringen, darauf zu warten, dass Schulden bezahlt werden, die nicht bezahlt werden können. Die Gelegenheit, die Dinge richtigzustellen, ist lang vorbei, aber der Zorn bleibt. Und in vielen Fällen wird er intensiver ... und breitet sich aus.

Ansteckend

Zorn, wie alle der vier »Viren«, über die wir sprechen werden, weigert sich, isoliert oder angemessen fokussiert zu sein. Wenn der Zorn sich in meinem Herzen festsetzt, werde ich binnen Kurzem anfangen zu glauben, dass alle mir etwas schulden. Deshalb charakterisiert man gewisse Männer und Frauen als »zornige Person« – es scheint, als seien sie die ganze Zeit auf so ziemlich jeden zornig. Es ist ihre Haltung. Ihre Wut ist nicht für eine verletzende Partei reserviert. Sie ist eigentlich für niemanden reserviert. Diese Menschen sind Rächer der Chancengleichheit. Und je näher Sie ihnen kommen, desto wahrscheinlicher wird es, dass ihr Zorn auf Sie abgeladen wird. Und wenn es passiert, werden Sie sich fragen: »Womit habe ich das verdient?« Die Antwort? Sie haben ihnen nicht ihren Willen gelassen. Mehr braucht es nicht.

Aber hatten Sie je mit jemandem zu tun, der *extrem* zornig war? Haben Sie festgestellt, dass *nichts*, was Sie tun, ihm passt? Selbst wenn Sie diesen Menschen ihren Willen lassen, wenn Sie ihnen ihren Willen aber nicht *genau auf die Art* lassen, wie sie es wollten, können Sie zu Schaden kommen. Extrem zornige Menschen haben schon entschieden, dass Sie es nicht richtig machen werden, bevor Sie es auch nur versuchen. Sie können es Sie nicht richtig machen lassen, sonst würden sie ihre Entschuldigung dafür verlieren, zornig zu bleiben. Und das können sie nicht zulassen. Krank, sagen Sie? Natürlich. Aber andererseits ist Zorn eine Herzkrankheit. Menschen, bei denen sich Zorn im Herzen festgesetzt hat, sind krank, und kranke Menschen verhalten sich krank.

Drehen Sie es herum

Aber jetzt fange ich schon wieder an. Ich schreibe, als wären Sie das Opfer – als würden Sie eher jemanden kennen, als selbst die Person mit dem zornigen Herzen zu sein. Wenn Sie nicht sicher sind, auf welcher Seite der Gleichung Sie stehen, fragen Sie einfach die Menschen, die Ihnen am nächsten stehen. Sagen Sie einfach: »Ich lese gerade ein Buch, das mich neugierig darauf gemacht hat, ob ich Probleme mit Zorn habe oder nicht. Was denkst du?« Wenn Sie schon wissen, was sie sagen werden (oder sagen wollen), hat es wahrscheinlich keinen Sinn zu fragen. Nehmen Sie einfach an, dass dieses Kapitel für Sie gilt, und lesen Sie weiter.

Wenn Sie nicht sicher sind, aber einen bohrenden Verdacht haben, dann fragen Sie. Und wenn Ihre Freunde und Familie antworten, hören Sie auf zwei Ebenen zu. Hören Sie darauf, was sie sagen. Aber, was noch wichtiger ist, hören Sie darauf, was Sie *fühlen*. Es ist sehr wahrscheinlich, dass ihre Worte Ihr Herz in Aufruhr versetzen werden. *Wenn unser Herz in Aufruhr ist, wird uns am ehesten bewusst, was es enthält.*

Wenn sie zögern, bevor sie antworten, haben sie wahrscheinlich Angst, Ihnen die Wahrheit zu sagen. »Angst!«, sagen Sie. »Wovor sollten sie Angst haben?« Warum fragen Sie sie das nicht auch gleich noch?

Aber jetzt kommt der wirkliche Test. Wenn Sie sich, während Sie sich sehr langsam dorthin wagen, was Sie als sehr dünnes Eis wahrnehmen, fühlen, als würde langsam ein Vulkan in Ihnen brodeln, dann könnte es sein, dass Sie ein Problem haben. Wenn Sie sich, während sie ihre Argumente anführen, gezwungen fühlen, sie zu unterbrechen und sich zu verteidigen – Entschuldigung: *erklären* –, dann sollte Ihnen das etwas sagen. Wenn Sie feststellen, dass Sie einfach weggehen oder sogar fortlaufen wollen, dann schenken Sie dem Beachtung. Wenn Sie feststellen, dass Sie auf Ihren Freund wütend werden, weil er eine Frage beantwortet, die *Sie* ihm gestellt haben, dann, ja, ist es mehr als wahrscheinlich, dass sich Zorn in Ihrem Herzen festgesetzt hat.

Aber lassen Sie sich nicht entmutigen. Sie haben gerade eine außergewöhnlich hilfreiche Entdeckung gemacht. Eine Entdeckung, die Sie gut und gerne auf den Weg zu einem gesunden Herzen bringen könnte. Wie alle vier der inneren Feinde, die wir in diesem Buch untersuchen werden, gewinnt Zorn seine Kraft aus der Heimlichkeit. Ihn ans Licht zu bringen, ist schmerzhaft und machtvoll gleichzeitig. Und um ehrlich zu sein, wenn Sie entdecken, dass Sie ein Herz voller Zorn mit sich herumtragen, wird das für die Menschen, die Sie am meisten lieben, nicht überraschend kommen. Denn sie kennen Sie sehr lange. Und es ist sehr wahrscheinlich, dass sie schon dafür gebetet haben, dass Sie eines Tages aufwachen und es selbst erkennen.

Eine erzählenswerte Geschichte

Die Monster des Herzens ertragen das Licht der Enthüllung nicht. Ihre Geschichte zu erzählen, würde für Sie bedeuten, sie heraus ans Licht zu zerren.

Wenn es wirklich Sie sind, die an dieser verbreiteten Krankheit leiden, wette ich, Sie haben eine Geschichte zu erzählen. Sie haben sie vielleicht nie jemandem erzählt, aber ich wette, Sie haben eine. Eine überzeugende. Eine Geschichte, die keinen Raum für Zweifel an der Rechtmäßigkeit Ihres Zorns lässt.

Wenn Sie einer dieser Menschen sind, die ihre Geschichte nie jemandem erzählt haben, hören Sie einen Moment auf zu lesen und fragen Sie sich: »Warum?« Leute stoßen mit Ihrem Zorn zusammen, und Sie sind sich dessen bewusst. Doch Sie haben nie erklärt, wo all diese Energie herkommt. Warum?

Ich möchte Ihnen erklären, warum Sie zögern, Ihre Geschichte zu erzählen. Es greift auf etwas zurück, was ich im letzten Kapitel gesagt habe: Diese Monster des Herzens ertragen das Licht der Enthüllung nicht. Ihre Geschichte zu erzählen, würde für Sie bedeuten, sie heraus ans Licht zu zerren. Sie wissen intuitiv, dass sie nach draußen zu holen bewirken würde, dass sie ihre Macht verliert, was bedeutet, dass Sie eine Ausrede verlieren würden, zornig zu bleiben. Die ganze Tortur würde abgesehen davon so ungemütlich werden, dass es einfacher für Sie ist, sie für sich zu behalten.

Wenn das Ihre Lage ist: Ist Ihnen bewusst, dass Sie nur eine Geschichte von einem gesunden Herzen trennt? Können Sie sehen, dass Sie, indem Sie sich zwingen, Ihre Geschichte ans Licht zu bringen, Ihrem Zorn vielleicht einen tödlichen Schlag versetzen könnten?

Ich erinnere mich daran, dass ich dieses Gespräch einmal mit jemandem geführt habe, der fast doppelt so alt war wie ich. Es war ihm unangenehm zu reden, aber ich beschloss, dass ich alles tun würde, was in meiner Macht stand, um seine Geschichte aus ihm herauszuzerren. Bis dahin hatten die Leute ihn einfach als mürrischen alten Mann abgeschrieben. Aber ich wusste, da war noch etwas anderes in ihm, etwas, was seinen Zorn und seine Unzufriedenheit antrieb. Er erzählte es mir nie, aber er sagte etwas, was ich nie vergessen werde – etwas, das mir einen bedeutenden Anhaltspunkt dafür gab, warum er sich weigerte, sich zu öffnen. Er sagte: »Ich will nicht darüber sprechen. Abgesehen davon ist es albern.«

Albern? Ich habe das Gefühl, dass vor langer Zeit etwas Kleines in sein Herz eingedrungen ist und sich dort festgesetzt hat. Etwas Albernes. Etwas Unbedeutendes. Aber es versteckte sich dort im Dunklen. Und ganz heimlich begann es zu wachsen. Bald wickelten sich seine Tentakel um seine Persönlichkeit, seine Haltung, seine ganze Sicht aufs Leben. Er war vermutlich klug genug zu wissen, dass, was immer es war, was passiert war, sein launisches Verhalten nicht rechtfertigte. Aber jetzt war es ihm peinlich. Also entschloss er sich, es eingeschlossen zu halten. Und indem er das tat, fütterte er den Zorn weiter, gab ihm weiter Macht.

Warum erzählen Sie also Ihre Geschichte nicht? Wovor haben Sie Angst? Vielleicht wissen Sie, dass Ihre Geschichte zu erzählen dazu führen würde, dass sie etwas von ihrer Kraft verliert. Schließlich könnte jemand, wenn er Ihre Geschichte hört, empfehlen, sie zu überwinden, sie loszulassen. Und Sie wissen, er hätte recht. Aber Ihr Zorn ist Teil von Ihnen geworden. Sie fühlen sich wohl mit ihm. Sie fühlen sich vom bloßen Gedanken, ihn loszulassen, bedroht.

Hinaus auf die Straßen

Sie haben jedes Recht, so zu sein, wie Sie sind. Aber wollen Sie wirklich so bleiben?

Auf der anderen Seite sind Sie vielleicht die Art Mensch, der seine Geschichte jedes Mal erzählt, wenn er die Chance dazu bekommt. Sie wollen verstanden werden. Sie genießen das Mitleid. Sie haben gelernt, dass Leute bereit sind, Ihnen ein bisschen mehr nachzugeben, wenn sie Ihre Leidensgeschichte erst einmal gehört haben. Sie wissen, dass Ihre Geschichte Ihren Hang zum Überreagieren erklärt, Ihre Neigung, Dinge zu sagen, die Sie später bereuen, Menschen zu bestrafen, wann immer Sie die Gelegenheit bekommen, auf diejenigen einzuschlagen, die Ihre Erwartungen enttäuschen. Sie erklärt Ihr Temperament, Ihre Launenhaftigkeit und Ihre unvorhersehbaren Reaktionen.

Aber lassen Sie uns ehrlich sein. Aus Ihrer Perspektive *erklärt* Ihre Geschichte nicht nur Ihr Verhalten, sie *rechtfertigt* es. Sie ist eine eingebaute Entschuldigung für alles, was Sie oder andere an Ihnen nicht mögen. Es ist Ihre Krücke. Sie wissen, Sie reagieren und benehmen sich nicht, wie Sie sollten, aber statt etwas dagegen zu tun, greifen Sie auf Ihre Geschichte zurück. Schließlich hat jeder, der so aufgewachsen ist wie Sie – der die Not erlebt hat, die Sie erlebt haben, mit der Zurückweisung und der Vernachlässigung leben musste, die Sie erlebt haben, wie Sie schon in früher Kindheit verlassen wurde –, allen Grund, nein, alles *Recht* der Welt, zu sein, wie Sie sind.

Und es ist wahr. Sie haben jedes Recht, so zu sein, wie Sie sind. Aber wollen Sie wirklich so bleiben?

Hier kommt eine Frage, die jeder zornige Mann und jede zornige Frau bedenken sollte: Wie lange werden Sie Menschen, die Sie nicht einmal mögen – Menschen, die nicht mehr zu Ihrem Leben gehören, vielleicht sogar Menschen, die nicht einmal mehr am Leben sind –, erlauben, Ihr Leben zu kontrollieren? Wie lange?

Ernsthaft, holen Sie Ihren Kalender heraus und legen Sie ein Datum fest. Lächerlich? Albern? Lächerlich ist, weiterhin den Menschen, die Sie am meisten verletzt haben, zu erlauben, Ihre momentanen und zukünftigen Beziehungen zu beeinflussen. Das ist nicht nur albern. Das ist ... krank.

Powergriff

Margaret würde hier zustimmen. Margaret war eine alleinerziehende Mutter, die zweiundzwanzig Jahre damit verbrachte, einen Seelenverwandten zu finden. Aber ihrer eigenen Wahrnehmung nach war sie das Problem. Im Endeffekt vertraute sie Männern einfach nicht. Und sie hatte gute Gründe dafür.

Als Collegestudentin hatte Margaret wegen einer Essstörung begonnen, zu einem Berater zu gehen. Eines Nachmittags vergewaltigte er sie. Verängstigt und verstört, meldete Margaret den Vorfall nicht. Dann entdeckte sie, dass sie schwanger war. Da erzählte sie ihren Eltern, was passiert war. Ihre Klage wurde vor Gericht abgelehnt. Es stand ihr Wort gegen seines. Nichts kam dabei heraus.

Neun Monate später gebar Margaret eine gesunde Tochter. Dann, zu jedermanns Überraschung, brach diese tapfere junge Frau die Schule ab und wählte das Leben einer alleinerziehenden Mutter. Wie Sie sich vorstellen können, war die kleine Sarah für sie gleichzeitig eine Quelle großer Freude und eine ständige Erinnerung daran, was an diesem schicksalhaften Nachmittag geschehen war.

Als ich Margaret kennenlernte, war sie zweiundvierzig Jahre alt. Ich hatte gerade einen Vortrag über die Auswirkungen ungeklärten Zorns gehalten. Sie wartete, bis alle den Raum verlassen hatten, dann kam sie mit Tränen in den Augen und einem Lächeln auf dem Gesicht zu mir und sagte: »Ich muss Ihnen einfach danken.«

»Wofür?«, fragte ich.

»Mitten in Ihrem Vortrag wurde mir klar, dass ich die ganzen letzten zweiundzwanzig Jahre dem Mann, der mich am meisten verletzt hat, einem Mann, den ich nie wiedersehen will, erlaubt habe, alle meine Beziehungen mit Männern zu sabotieren. Mir ist außerdem klar geworden, dass ich das, was mir passiert ist, als Entschuldigung für Verhaltensweisen benutzt habe, für die ich letztendlich selbst verantwortlich bin. Das hat heute ein Ende.«

Dann erzählte sie mir ihre Geschichte.

Als Margaret geendet hatte, holte sie tief Luft und ließ sie langsam wieder entweichen. »Ob Sie es glauben oder nicht, das sind Freudentränen«, sagte sie. »Ich bin frei.«

Dann umarmte sie mich und ging.

Wie wurde Margaret frei? Wir werden dieses Detail später diskutieren. Der Punkt ist, sie stellte eine Verbindung her, die viele zornige Menschen nie sehen. Margaret entdeckte, dass ihre *berechtigten* Gefühle diesem Mann Macht über sie gaben. Der Groll in ihrem Herzen ermöglichte es einem Mann, den sie jahrelang nicht gesehen hatte, ihr Leben zu beeinflussen. Ihre Wut über das, was er ihr angetan hatte, kroch in jede Beziehung, die sie seither hatte. Als ihr bewusst wurde, was da vor sich ging, wie heimtückisch ihre Wut sie im Griff hatte, beschloss Margaret in ihrem Herzen, sie zu lösen. Warum sollte sie schließlich jemandem, der sie am meisten verletzt hatte, diese Art von Macht geben?

Die Krücken wegwerfen

Das bringt mich zurück zu meiner Frage. Wie lange werden Sie Leuten, die Sie verletzt haben, erlauben, Ihr Leben zu kontrollieren? Noch ein Jahr? Noch ein Kapitel? Wie lange? Der Grund, warum diese Frage so frustrierend sein kann, ist, dass wir naiv glauben, dass wir in dieser Angelegenheit keine Wahl haben.

Es ist zwar richtig, dass Sie nicht ungeschehen machen können, was passiert ist, es ist aber genauso wahr, dass Sie die Vergangenheit nicht Ihre Zukunft kontrollieren lassen müssen. Ein paar Seiten weiter werde ich detailliert darüber sprechen, wie man Zorn aus dem Herzen vertreibt, aber diese Information wird nicht weiterhelfen können, solange Sie nicht tun, was Margaret tat. Sie müssen zuerst beschließen, dass Sie frei sein *können*. Dann müssen Sie aufhören, Ihre Geschichte als Entschuldigung zu benutzen.

Das Problem ist, dass gute Entschuldigungen selten Staub ansetzen. Wir benutzen sie und benutzen sie und benutzen sie. Sie müssen sich dazu durchringen, Ihre Krücken wegzuwerfen. Denken Sie daran, Ihre Geschichte erklärt Ihr Verhalten; sie entschuldigt es nicht. Bis Sie bereit sind, diese einfache, aber lästige Wahrheit anzunehmen, werden Sie den Zorn nie aus seinem versteckten Schlupfwinkel in Ihrem Herzen aufscheuchen. Übrigens gibt Ihr Verhalten, sich zu rechtfertigen, indem Sie Ihre Geschichte vortragen, den Leuten, die Sie verletzt haben, anhaltende Macht. Warum lassen Sie ihnen weiterhin diese Art von Einfluss auf Ihr Leben?

Ein überraschender Schluss

Es gibt eine angemessene Art, Ihre Geschichte zu benutzen. Nicht als Entschuldigung, sondern als Zeugnis für Gottes Fähigkeit, uns von der Vergangenheit zu befreien. Wenn Sie ihm den Zutritt zu diesem Teil Ihres Herzens erlauben, der Ihren Zorn beherbergt, wird etwas Unglaubliches geschehen. Ihre Geschichte wird nicht länger Ihr Verhalten erklären; sie wird in völligem Kontrast dazu stehen.

Sie kennen wahrscheinlich jemanden, bei dem immer alles in Ordnung zu sein scheint, jemand, der voller Zuversicht, Anmut und stiller Kraft durch diese Welt geht. Vielleicht haben Sie angenommen, diese Person hätte eine unbefleckte Vergangenheit, wuchs in einem gesunden familiären Umfeld auf und traf auf dem Weg nie auf irgendwelche Unebenheiten. Dann hören Sie seine oder ihre Geschichte, und die ist beinahe unglaublich. Sie ertappen sich dabei, wie Sie denken: *Wie kann jemand, der in dieser Art schmerzlicher Umgebung aufgewachsen ist, so ... so ... perfekt sein?*

Das ist, was passiert, wenn ein Mensch aufhört, seine Geschichte zu benutzen, um seinen Zorn zu rechtfertigen, und stattdessen Gott erlaubt, eine Herzoperation vorzunehmen.

Etwas zum Aufgeben

Vielleicht sehen Sie Ihren Zorn als ein Kapital, einen Verbündeten. Sie haben gelernt, ihn in gewissen Situationen zu Ihrem Vorteil zu nutzen, um Ihren Willen durchzusetzen – oder, wie Sie es gerne nennen, damit Dinge erledigt werden. Sie glauben, Ihr Zorn macht Sie stark. Sie denken, er macht Sie zu einem besseren Leiter. Zu einem effektiveren Vorgesetzten. Zu einem erfolgreicheren Trainer. Zugegeben, Ihr Zorn gibt Ihnen vermutlich ab und zu Energie. Und wenn er nutzbar gemacht und richtig fokussiert ist, kann er in gewissen Situationen ein mächtiger Verbündeter sein. Aber er macht Sie nicht effizienter oder erfolgreicher. Sicherlich macht er Sie nicht stärker. Die Leute, die gezwungen sind, mit Ihnen zu interagieren, sehen ihn in Wahrheit als Schwäche. Als ein Leiden.

Wie Schuld entfremdet uns auch Zorn von anderen Menschen. Öfter, als wir uns die Mühe machen zuzugeben, durchbohrt der Granatsplitter unseres Zorns diejenigen, die uns am nächsten stehen, Freunde oder Familie, die unschuldig sind und keine Ahnung haben, was uns dazu gebracht hat, in ihrer Gegenwart zu explodieren. Ein Herz voller Zorn ist ein Herz, das Genugtuung sucht. Unglücklicherweise sind es in den meisten Fällen unsere nichts ahnenden Freunde und Familienmitglieder, die bezahlen müssen.

Kapitel 7

Der Durst, der nicht gestillt werden kann

Howard: *Es ist hungrig! Es muss ständig gefüttert werden – oder es wird seinen magnetischen Arm ausstrecken und nach allem in seiner Reichweite schnappen und es töten. Es ist monströs, Stewart, monströs. Es wird größer und größer!*

The Magnetic Monster (1953)

If dirt were dollars,
I wouldn't worry anymore.

Wenn Dreck Geld wäre,
würde ich mir keine Sorgen mehr machen.

Don Henley: »If Dirt Were Dollars«

Kurze Rückschau. Die Schuld sagt: »Ich schulde dir etwas.« Der Zorn sagt: »Du schuldest mir etwas.« Das dritte hässliche Monster auf unserer Liste ist Gier.

Die Gier sagt: »*Ich* schulde mir etwas.«

Quintessenz: Gierige Menschen glauben, sie verdienten alles Gute, das ihnen über den Weg läuft. Nicht nur das, sie glauben, sie verdienten alles Gute, das ihnen *möglicherweise* begegnen könnte. Ihr Mantra ist: *Was mein ist, ist mein, weil ich es verdient habe – und es kommt noch viel mehr*. Folglich ist es schwer, einen gierigen Menschen dazu zu bekommen, sich von Geld oder Gegenständen zu trennen. Warum? Weil es seines ist. Und er hat Angst.

Wie zornige Menschen haben auch gierige Menschen normalerweise eine Geschichte zu erzählen. Und wie bei den Zornigen erklärt diese Geschichte ihren Hang zur Gier. Zum Beispiel in einem Zuhause mit wenig oder ganz ohne finanzielle Sicherheit aufgewachsen zu sein, könnte erklären, warum ein Mensch dazu tendiert, alles festzuhalten, was ihm an Geld beschert wird. Ebenso ist es leicht zu verstehen, warum jemand, der einmal alles verloren hat, sich an das klammert, was er jetzt hat.

Aber Gier ist eine andere Sorte als die anderen drei Feinde des Herzens, über die wir sprechen. Gier tarnt sich. Es kann sein, dass Sie, während Sie die letzten paar Abschnitte gelesen haben, schon einen Gedanken wie diesen hatten: *Das ist ein Problem, mit dem ich nicht zu kämpfen habe*. Sie waren vielleicht sogar versucht, das Kapitel zu überspringen. Schließlich haben Sie vielleicht ab und zu Zornausbrüche und beherbergen möglicherweise ein paar schuldhafte Geheimnisse, aber Sie sind sicherlich nicht gierig. Richtig?

Das Unsichtbare sehen

Wenn ich so darüber nachdenke, habe ich nie eine gierige Person getroffen. Damit meine ich, dass ich nie einen Menschen getroffen habe, der mir in die Augen sah und zugab: »Ich habe Probleme mit Gier.« Was sie sagen, ist: »Ich bin vorsichtig.«

Die Wahrheit ist, wir haben es fast unmöglich gemacht, Gier in unserem eigenen Leben zu identifizieren. Anders als Zorn oder Schuld versteckt sich Gier hinter einigen Tugenden. Gierige Menschen sind Sparer, und Sparen ist etwas Gutes. Gierige Menschen sind oft Planer, und Planen ist etwas Gutes. Gierige Menschen wollen sichergehen, dass ihre finanzielle Zukunft gesichert ist, und das ist ebenfalls eine gute Sache. Richtig?

Gier ist leicht zu verstecken – vor uns selbst. Aber die Menschen um uns herum wissen es. Denn obwohl es schwierig sein mag, Gier im Spiegel zu entdecken, ist es überhaupt nicht schwierig, sie in den Menschen um uns herum zu sehen. Eigentlich können wir sie fast sofort in jemand anderem identifizieren:

- Gierige Menschen reden oft über Geld und machen sich viele Sorgen darüber.
- Gierige Menschen sind keine fröhlichen Geber.
- Gierige Menschen teilen ungern.
- Gierige Menschen sind schlechte Verlierer.
- Gierige Menschen streiten sich wegen unbedeutenden Geldsummen herum.
- Gierige Menschen reden, als hätten sie gerade genug, um durchzukommen.
- Gierige Menschen schaffen oft eine Kultur der Verschwiegenheit um sich.
- Gierige Menschen lassen dich nicht vergessen, was sie für dich getan haben.
- Gierige Menschen drücken nur zögernd Dankbarkeit aus.
- Gierige Menschen sind nicht zufrieden mit dem, was sie haben.
- Gierige Menschen versuchen, Menschen mit ihrem Geld zu kontrollieren.

Gier kennt keine sozioökonomischen Grenzen. Ich habe gierige arme Leute und gierige reiche Leute kennengelernt. Gier ist kein finanzielles Problem; es ist ein Herzproblem. Finanzieller Gewinn macht gierige Menschen nicht weniger gierig. Finanzieller Gewinn oder Verlust ändert gar nichts, weil Gier aus dem Herzen entspringt.

Das Monster im Spiegel

Für den gierigen Menschen bedeutet Besitz Leben.

Ist dies ein Problem für Sie? Fällt es Ihnen schwer, Geld herzugeben? Sind Sie schnell mit Ausreden bei der Hand? Stellen Sie Fragen, die Sie wie einen guten Verwalter aussehen lassen sollen, wenn Sie eigentlich nach einer Ausrede suchen, um nichts geben zu müssen? Wenn Sie tatsächlich geben, haben Sie das Gefühl, dass der Empfänger Ihnen dafür etwas schuldet? In anderen Worten, sind mit Ihren Geschenken immer Bedingungen verknüpft?

Wenn dies ein Herzproblem für Sie ist, dann kann ich Ihnen versichern, dass Ihre Familie das Gefühl hat, dass sie mit Ihren Besitztümern konkurrieren muss. Manchmal wird es ihnen vorkommen, als sei Ihnen Ihr Besitz wichtiger als sie. Sie haben vielleicht das Gefühl, sie müssten Sie um alles anbetteln, was sie finanziell von Ihnen bekommen. Sie sehen und spüren die Bedingungen. Sie finden es schrecklich, in Ihrer Gegenwart finanzielle Probleme anzusprechen.

Kommt Ihren das bekannt vor? Erinnert es Sie an Gespräche, die Sie in letzter Zeit hatten?

Denken Sie mal über diese Warnung nach, die von Jesus selbst stammt:

> Nehmt euch in Acht! Begehrt nicht das, was ihr nicht habt. Das wahre Leben wird nicht daran gemessen, wie viel wir besitzen. (Lukas 12,15; NLB)

Nehmt euch in Acht? Warum? Weil von allen vier Herzensverfassungen, die wir besprechen werden, Gier die subtilste ist.

Und achten Sie besonders auf diese Aussage: »Das wahre Leben wird nicht daran gemessen, wie viel wir besitzen.« Für gierige Menschen bedeutet Besitz Leben. Sie haben die Lüge geschluckt: »Mein Besitz ist mein Leben.« Und deshalb ist sich an ihrem Besitz zu schaffen zu machen oder ihn zu beschädigen ... na ja, es ist eine persönliche Bedrohung für sie. Ihr Besitz ist eine Erweiterung dessen, was sie sind. Ich verstehe ein wenig mehr davon, als ich gern zugeben will. Eigentlich erinnere ich mich genau an das erste Mal, als ich mit meiner Gier konfrontiert wurde. Ich war siebenundzwanzig und arbeitete als Studentenpastor in der Gemeinde meines Vaters. Ich verdiente nicht viel Geld, und wenn jemand mir vorgeworfen hätte, gierig zu sein, hätte ich gelacht.

Der Vorfall ereignete sich während unseres Sommerlagers. Ich war in dieser Woche der Lobpreisleiter, weshalb ich meine Gitarre mit ins

Lager bringen musste. Aber ich wollte nicht, dass ein Haufen von Teenagern meine wertvolle Gitarre anfasste, deshalb brachte ich zwei Gitarren mit. Eine behielt ich auf der Bühne und die andere – die schöne, die, die eine Erweiterung meiner selbst war – bewahrte ich in einem Koffer eingeschlossen am Rand auf. Jedes Mal, wenn ein Schüler oder eine Schülerin mich fragte, ob er oder sie auf meiner Gitarre spielen dürfe, sagte ich »Klar!«. Und dann deutete ich auf die billige Gitarre, die ich draußen auf der Bühne ließ. Ziemlich gutes System. Eigentlich hielt ich mich damit für einen guten Verwalter – ich beschützte ein Anlagegut, das Gott mir zu verwalten gegeben hatte.

Ungefähr nach der Hälfte der Woche kam jedoch ein junger Bursche zu mir und fragte, ob er auf meiner *guten* Gitarre spielen dürfe. Ich war enttarnt, sie waren mir auf der Spur. Ich erinnere mich, wie ich dastand und versuchte, mir einen plausiblen Grund einfallen zu lassen, warum das keine so gute Idee war. Ich dachte daran, zu lügen und ihm zu sagen, dass ich den Schlüssel des Koffers in meiner Hütte vergessen hätte. Gier lässt einen solche Dinge tun, wissen Sie. Aber angesichts dessen, dass ich dort war, um den Jugendlichen beizubringen, nicht zu lügen ... Ich schluckte hart, zwang mich zu einem Lächeln und sagte »Klar«.

Ich hob meine wertvolle Gitarre vorsichtig aus ihrem Koffer und reichte sie behutsam diesem Achtklässler. Er setzte sich und begann zu spielen, während ich direkt neben ihm stand. Nach ein paar Minuten fiel mir auf, wie dumm das aussehen musste, also ging ich hinüber in einen anderen Teil des Raums und tat, als sei ich beschäftigt, während ich den kleinen Eddie Van Halen und meine *gute* Gitarre keine Sekunde aus den Augen ließ.

Nun ja, wie das Schicksal oder Gott oder das Pech es wollten, kam jemand in den Raum gerannt, rief dem Jungen zu, dass er etwas tun sollte, und er sprang auf, lehnte meine Gitarre gegen ein Geländer und hastete in Richtung Tür. Als er die Stufen der Bühne hinuntersprang, sah ich mit Entsetzen zu, wie MEINE gute Gitarre langsam zur Seite kippte und auf den Bühnenboden krachte.

Als ich sie erreichte, hatte sie eine Delle im Holz und einen ungefähr zweieinhalb Zentimeter langen Kratzer. Ich war am Boden zerstört. Meine perfekte Gitarre war nicht mehr perfekt. Ich war so wütend, ich wollte den Kerl erwürgen. Und dann traf es mich: Ich machte mir viel, viel mehr Sorgen um den Zustand meiner Gitarre als über die Seele dieses Jungen. Mein Herz wurde entblößt. Ich schämte mich so für mich selbst. Ich war nicht nur vorsichtig – ich hatte ein Gierproblem. Ich hatte einem Gegenstand mehr Wert beigemessen als einer anderen Person. Das ist das Wesen der Gier.

Und jetzt kommt die wahre Ironie der Geschichte. Der Halbstarke, der meine Gitarre zerdellt hatte, wurde später zu einem der gefragtesten Lobpreisleiter von Amerika. Nicht nur das, er hat auch ein paar der heute beliebtesten Lobpreislieder geschrieben. Sein Name ist Todd Fields.

Die treibende Kraft

Furcht ist die treibende Kraft hinter der Gier. Die Angst heizt die Gier an. Warum wollte ich nicht, dass jemand an meiner guten Gitarre herumspielte? Ich hatte Angst davor, was ihr passieren könnte. Gier wird von einer endlosen Reihe von Was-wäre-wenns unterstützt. Was, wenn sie zerkratzt wird? Was, wenn sie verloren geht? Was, wenn nicht genug da ist? Was, wenn ich nicht meinen gerechten Anteil bekomme? Was, wenn sie mehr hat? Was, wenn die Wirtschaft zusammenbricht?

Menschen, in deren Herzen sich Gier festgesetzt hat, fürchten, dass Gott entweder nicht für sie sorgen kann oder will. Treffender gesagt, sie haben Angst, dass Gott sich nicht auf die Art und Weise um sie kümmern wird, wie *sie* es wollen. Und die Diskrepanz zwischen dem, was sie vermuten, dass Gott zu tun bereit sein könnte, und dem, was sie wollen, wird zu einer großen Quelle der Beunruhigung. Also schultern gierige Menschen die Last, alles, was sie brauchen, zu erarbeiten und zu erhalten, um das Gefühl der Sicherheit zu schaffen, die sie sich wünschen.

Aber darin liegt das Problem: Es ist nie genug. Gierige Menschen können nie genug haben, um ihr Bedürfnis zu befriedigen, sich angesichts jeder denkbaren Eventualität sicher zu fühlen. Es gibt immer wieder neue *Was-wäre-wenns*, die sie antreiben, mehr zu erarbeiten. Ihr Verlangen kann nicht befriedigt werden. Deshalb haben sie nie das Gefühl, sie hätten genug, was natürlich das Eigentliche ist, was sie fürchten. Folglich sind gierige Menschen selten mit anderen im Reinen und niemals mit sich selbst. Die Gier belastet letztendlich ihre Beziehungen auf jeder Ebene, untergräbt langfristige Beziehungen wegen Dingen, die eine Lebensdauer von nur ein paar Jahren haben. Die Gitarre, die ich vorhin erwähnt habe? Ich habe sie nicht einmal mehr. Tatsächlich habe ich sie schließlich einem Collegestudenten geschenkt, dessen Gitarre gestohlen worden war.

Vielleicht habe ich doch noch etwas gelernt.

Kapitel 6

Angriff des grünäugigen Monsters

Dr. Cushing: *Sie wird die ganze Stadt in Stücke reißen, bis sie Harry findet.*
Deputy: *Und dann wird sie Harry in Stücke reißen.*

Attack of the 50-Foot Woman (1958)

So wie Tod und Zerstörung niemals genug haben, so sind die Augen der Menschen unersättlich.

Sprüche 27,20 (NLB)

Wie wir gesehen haben, wird jeder der Feinde des Herzens, über die wir sprechen, von dem Gedanken angetrieben, dass jemand etwas schuldet. Die Schuld sagt: »Ich schulde dir etwas.« Der Zorn wird durch die Ansicht angetrieben: »Du schuldest mir etwas.« Die Gier wird durch die Annahme am Leben erhalten, dass ich mir etwas schulde. Das vierte Herzproblem ist nicht anders. Neid. Der Neid sagt: »Gott schuldet mir etwas.«

Wenn wir an Neid oder Eifersucht denken, denken wir sofort an die Dinge, die andere haben und die uns fehlen – gutes Aussehen, Begabungen, Möglichkeiten, Gesundheit, Größe, Erbe und so weiter. Wir nehmen an, dass wir ein Problem mit der Person haben, die etwas besitzt, was uns fehlt. Aber seien wir ehrlich, Gott hätte alles auch für uns arrangieren können. Was immer er Ihrem Nachbarn gegeben hat, hätte er auch Ihnen geben können. Abgesehen davon wollen Sie eigentlich gar nicht das Auto Ihres Nachbarn; Sie wollen *eines wie er*. Sie haben kein Problem damit, dass Gott ihm eines gegeben hat. Das Problem ist, dass Gott, als er neue Autos verteilt hat, Sie übersprungen hat!

Die Tatsache, dass Ihre Schwester bequem in eine Hose in Größe 40 passt, ist okay für Sie. Das Problem ist, dass Sie das nicht können – oder nicht können sollten. Sie ertappen sich dabei, wie Sie sie anstarren, wenn sie nicht hersieht, und denken: *Mensch, sieht die gut aus ... das ist ekelhaft.* Sie wissen, Sie sollten solche Gefühle nicht haben, und Sie versuchen, nicht zuzulassen, dass sie Ihre Beziehung beeinflussen. Sie sagen Ihrer Schwester vielleicht sogar, wie gut sie aussieht. Aber es ist immer da. Sie werden ständig daran erinnert, dass sie etwas hat, was Sie nicht haben. Oder in diesem Fall, dass Sie etwas haben, was sie nicht hat ...

Der Punkt ist, dass es hier ein Ungleichgewicht gibt, das Gott hätte beheben können.

Seien wir ehrlich, die meisten von uns glauben auf eine Art, dass unsere Leben reicher wären, wenn Gott uns genauso gut versorgt hätte, wie er es mit ein paar Leuten getan hat, die wir kennen.

Wenn er Sie nicht ganz so füllig gemacht hätte, würden Sie sich besser fühlen, wenn Sie einen Badeanzug anziehen. Wenn er nicht zugelassen hätte, dass Ihnen so früh im Leben die Haare ausfallen, wären Sie nicht aus mangelndem Selbstbewusstsein so zurückhaltend. Wenn Sie als Teenager genauso attraktiv gewesen wären wie einige Ihrer Klassenkameraden, hätten Sie dreimal bessere Chancen auf ein Rendezvous am Samstagabend gehabt. Wenn Sie mit überdurchschnittlicher sportlicher Leistungsfähigkeit gesegnet gewesen wären, hätten Sie sich in der Schule beim Sport hervorgetan; das hätte Ihre Lebensbahn sicherlich verändert.

Wenn Gott Sie schlauer gemacht hätte, hätten Sie einen besseren Schulabschluss gemacht und einen Studienplatz für Jura ergattern können. Wenn er Sie mit besseren Kommunikationsfähigkeiten ausgestattet hätte, hätten Sie sich inzwischen auf eine höhere Stufe auf der beruflichen Leiter vorarbeiten können. Wenn Sie ein dynamischerer Redner wären, wäre Ihnen vielleicht die Möglichkeit geboten worden, eine größere Gemeinde zu führen.

Was hat sich Gott dabei gedacht?

Wer hat wirklich Schuld?

Wenn Sie irgendeine Art von Theist sind, ist Ihre Eifersucht tatsächlich ein Problem zwischen Ihnen und Gott. Was Gott für jemand anderen getan hat, hätte er auch für Sie tun können. Aber aus irgendeinem Grund tat er es nicht. Das Problem haben Sie nicht mit der Person, die hat, was Sie nicht haben; Sie haben es mit Ihrem Schöpfer. Er schuldet Ihnen etwas.

Ihre Eifersucht kommt in Ihrer Interaktion mit Gott jedoch selten an die Oberfläche. Wenn uns das alles bewusst ist, bekennen wir es vielleicht sogar als Sünde. Aber selbst dann denken wir bei unserer Eifersucht an ein Problem zwischen uns und Freunden, Kollegen oder Nachbarn. Sie ist nicht als ein Groll zu erkennen, den wir gegen Gott hegen. Aber genau das ist sie.

Stattdessen reckt sie ihren hässlichen Kopf in unsere Interaktion mit anderen. Die Ironie ist natürlich, dass die Menschen, auf die wir eifersüchtig sind, nichts tun können, um die Situation zu beseitigen. Wer hat die Macht, die Ungerechtigkeit zwischen Ihnen und den Menschen auszugleichen, die haben, was Sie wollen? Kann Ihr Bruder, der professionelle Sportler, Sie zu einem besseren Athleten machen? Kann Ihre studierende Schwester Sie heller machen? Kann Ihre beste Freundin Sie dünner machen? Würde es wirklich helfen, wenn Ihr Nachbar Ihnen ein Auto wie seines kaufen würde? Eigentlich nicht. Das würde die Dinge in Wirklichkeit nur noch schlimmer machen.

Schuldige Freude

Trotzdem ist der Gedanke, dass Gott Ihnen etwas schuldet, für Sie vermutlich – genauso wie für mich zuerst – absurd. Wie könnte Gott mir etwas schuldig sein? Als Christ habe ich immer geglaubt, dass ich ihm alles schulde. Vielleicht ist das der Grund, warum unser Neid so leicht fehlgeleitet wird. Und vielleicht ist es der Grund, warum er unbesiegbar zu sein scheint. Solange ich mich selbst damit belüge, dass mein Problem mein reicher Onkel oder meine dünne Schwägerin ist, werde ich nie an die Wurzel des Problems gelangen; die Spannung wird nie gelöst werden. Na ja, fast nie.

Es gibt eine Sache, die wie Balsam für meinen Neid ist. Und zwar, wenn die Person, die ich beneide, irgendeine Art von Rückschlag erleidet. Das *Einzige*, was die Habenden tun können, damit wir Nichthabenden uns besser fühlen, ist zu verlieren, was sie haben. Nun würde niemand von uns das gerne zugeben, aber es liegt etwas Befriedigendes darin, zuzusehen, wie jemand, den wir beneiden, etwas verliert, was wir selbst gern hätten. Wir können das, was in uns heimlich über den Verlust eines anderen jubelt, vielleicht selbst nicht leiden, aber es ist da.

Seien Sie ehrlich. Haben Sie je Vergnügen daran gefunden zu sehen, wie jemand, der Sie finanziell überholt hat, einen kleinen Dämpfer versetzt bekam? Hat es Ihnen einen befriedigenden Stich versetzt, wenn Sie bemerkt haben, dass Ihre Schwägerin diesen Sommer am Strand nicht mehr ganz so gut aussah wie letztes Jahr? Haben Sie je Befriedigung aus der Delle in der Autotür Ihres Nachbarn gezogen?

Nein? Ich auch nicht.

Aber ich habe von Leuten gehört, die mit dieser Art von Gedanken zu kämpfen haben.

Von den vier Angreifern des Herzens, die hier zur Diskussion stehen, lässt die Eifersucht den wahren Zustand unseres Herzens vielleicht mehr erkennen als alle anderen. Ich kann meine Bemühungen, meine Vergangenheit zu verheimlichen, rechtfertigen. Ich kann meinen Zorn überzeugend begründen. Und meine Gier ist leicht hinter Tugenden wie Verantwortung und Umsicht zu tarnen. Aber wie rechtfertigt man diese belastenden Gefühle der Befriedigung, wenn jemand, den wir kennen (und sogar lieben), einen Rückschlag oder Verlust irgendeiner Art erleidet? Bevor Sie es merken, ganz unbewusst, ist es da: dieses jämmerliche Gefühl der *Befriedigung*. Und wo kam es her? Direkt aus dem Herzen.

Niemand ist sicher!

Der Grund, warum die Menschen, die Sie beneiden, nichts tun können, um Ihre Gefühle zu beseitigen, ist, dass sie nicht Ihr Problem sind. Ihre Verluste, Rückschläge, ihr Versagen und ihre paar Pfunde mehr können Ihren Schmerz nur zeitweise lindern, nicht auslöschen. Denn wenn sie es nicht sind, wird es jemand anderer sein. Es wird immer jemanden geben, der reicher, dünner, talentierter ist, der bessere Verbindungen hat oder schlicht und einfach mehr Glück hat als Sie. Und bis Sie einen Weg finden, mit Ihrem neidischen Herzen umzugehen, werden Sie unfähig sein, einer der grundsätzlichsten christlichen Lehren zu folgen – liebt einander.

Solange der Neid unkontrolliert tobt, ist keine Beziehung, die Sie haben, sicher. Nicht eine einzige. Ich habe Ehefrauen gesehen, die so neidisch auf ihre Ehemänner waren, dass sie vor anderen *nichts* Nettes über sie sagen konnten. Ich habe Väter gesehen, die so neidisch auf ihre Söhne waren, dass sie nicht einmal, wenn ihr Leben davon abhängig gewesen wäre, ein freundliches Wort herausgebracht hätten. Sportteams, Firmenteams, geistliche Teams – keine Umgebung entkommt den Auswirkungen des Neids. Neid ist eine mächtige Kraft, die irreparablen Schaden in jeder Beziehung oder Organisation anrichten kann. Und die Ironie und Tragödie daran ist, dass Abhilfe nicht geschaffen werden kann, indem man ein Gleichgewicht herstellt oder die Waagschale sogar zugunsten der anderen Person kippt. Tatsache ist, dass jemand wütend auf Gott ist. Und in den meisten Fällen weiß er es nicht einmal.

Teil 3

Zerstöre alle Monster!

General: *Wenn eine bewaffnete und bedrohliche Macht uneingeladen in unserem Kapitol landet, begrüßen wir sie nicht mit Tee und Keksen!*

Fliegende Untertassen greifen an (1956)

Das kraftvollste Mittel für Wachstum und Veränderung ist etwas Fundamentaleres als jegliche Technik: ein Wandel des Herzens.

John Welwood

Kapitel 9

Erde gegen die geflügelten Ausflüchte

Admiral Nelson: *Wenn Gott bestimmt, dass der Mensch kampflos sterben soll, warum gibt er uns dann den Überlebenswillen?*

Unternehmen Feuergürtel (1961)

Generalmajor Mann: *Gewehre, Panzer, Bomben – gegen sie sind sie wie Spielzeug!*

Kampf der Welten (1953)

Bevor wir weitermachen, müssen wir zunächst ein verbreitetes Märchen über Veränderung beseitigen. Ich bin nicht sicher, wie es begann, aber viele Christen haben eine Herangehensweise an Lebensveränderungen angenommen, die uns letzten Endes dazu bringt, uns zu fragen, ob Gott wirklich ein Interesse daran hat, irgendetwas zu verändern, ganz zu schweigen von unseren Herzen.

Zur Veranschaulichung sehen wir uns doch einmal Brian an. Brian hatte am Vorabend Probleme mit dem Einschlafen. Er leidet an Sodbrennen, und in letzter Zeit ist ihm aufgefallen, dass er schwerer atmet als früher, wenn er die eine Treppe zu seinem Schlafzimmer hinaufgestiegen ist. Also vereinbart Brian einen Termin bei einem Kardiologen.

Dr. Plythem macht mit Brian eine umfangreiche Reihe von Tests, drei höchst strapaziöse Minuten auf dem Laufband eingeschlossen. Eine Woche später befindet sich Brian im Sprechzimmer des guten Doktors und wartet auf die Ergebnisse. Der besorgte Blick auf Dr. Plythems Gesicht bestätigt Brians Verdacht: Irgendetwas stimmt nicht.

Dr. Plythem wirft einen ernsten Blick auf seine Patientenkarte und sagt: »Auf einer Skala von eins bis zehn, wobei zehn das schlimmste Szenario ist, sind Sie eine Sieben. Sie brauchen im Moment keine Operation, aber Sie werden sie brauchen, wenn Sie nicht sofort einiges an Ihrem Lebensstil ändern.«

»Was zum Beispiel?«, fragt Brian, etwas besorgt darüber, was als Nächstes kommen mag.

Der Arzt zieht ein einzelnes Blatt aus seinem Klemmbrett und reicht es Brian. »Dies ist Ihre Drei-Tage-die-Woche-Bewegungskur«, erklärt er. »Wenn Ihr Körper sich erst einmal an dieses Aktivitätsniveau gewöhnt hat, werden wir es eine Stufe erhöhen.«

»Aber ich glaube, Sie verstehen nicht«, beschwert sich Brian. »Ich kann das alles nicht machen. Ich habe ein schwaches Herz! Das haben Sie selbst gesagt! Wenn mein Herz wieder stärker ist, klar, dann mache ich gern die Übungen. Aber Sie können nicht von mir erwarten, dass ich das ganze Zeug in meinem jetzigen Zustand mache!«

Dr. Plythem sieht verwirrt aus, also fährt Brian fort. »Sehen Sie, hier steht, dass Sie wollen, dass ich dreimal die Woche dreißig Minuten spazieren gehe. Ist Ihnen klar, wie sehr ich außer Atem sein werde? Ich werde schwitzen wie ein Schwein! Und wenn ich diese Dehnübungen mache, werde ich tagelang unerträglichen Muskelkater haben! Doktor, ich habe ein schwaches Herz. Ich kann das nicht alles machen. Hören Sie, bringen Sie zuerst mein Herz in Ordnung, und dann werde ich ernsthaft über das Programm nachdenken.«

»Brian, ich versuche doch, Ihr Herz in Ordnung zu bringen. So geht das: Man trainiert es. Die Beschwerden sind Teil der Heilung. Man stärkt einen Muskel, indem man ihn anstrengt und dann ausruhen lässt. Um Ihr Herz in Ordnung zu bringen, müssen wir es periodisch anstrengen und es dann ausruhen lassen. Und ja, Sie werden schwitzen. Und Sie werden Muskelkater haben. Und Sie werden sich währenddessen nicht immer gut fühlen, aber dies ist der Weg zur Genesung.«

Brian schüttelt nur den Kopf. »Hören Sie, Doktor, damit wir uns richtig verstehen. Meine Frau versucht schon seit Jahren, mich dazu zu bringen, mich mehr zu bewegen. Also habe ich vor ungefähr einem Jahr nachgegeben und ihr Laufband ausprobiert. Ich war keine fünf Minuten auf diesem Ding, als ich dachte, ich würde sterben. Ich sage Ihnen, es funktioniert nicht. Ich habe es schon mit Bewegung versucht. Es hat mich nur müde gemacht. Und noch etwas: Wissen Sie, wie albern ich in Sporthosen aussehe? Wie ein Nilpferd in Strumpfhosen. Wenn ich ein bisschen abnehme, versuche ich es vielleicht mit diesem ganzen Fitnesslook. Aber vorher nicht. Wenn Sie also bitte etwas tun wollen, um mein Herz zu stärken, werde ich gern Ihren Ratschlägen folgen. Schließlich sind Sie der Experte, nicht ich.«

An diesem Punkt öffnet Dr. Plythem die Tür und sagt: »Brian, Sie sind ein Idiot.«

Jeder ist mal ein Idiot

Man kann nicht erwarten, dass man sich eine schlechte Angewohnheit, die man seit Jahren gepflegt hat, über Nacht abgewöhnen kann.

Ich nehme an, Ärzte dürfen in Wirklichkeit keine solchen Sachen sagen, aber ich bin sicher, von Zeit zu Zeit würden sie es gern tun. Und in diesem speziellen, erfundenen Fall hätte der Arzt recht – Brian ist ein Idiot. Man wartet nicht, bis das Herz gesund genug für Training ist; man trainiert, um sein Herz in Form zu bringen und zu halten.

Das gilt auch für das andere Herz. Dennoch versuchen viele von uns, Brians Denkmethode bei Gott anzuwenden. Und folglich bekommen wir auch dieselben Ergebnisse.

In Kirchen überall auf der Welt stehen Menschen zusammen und singen: »Change my heart, oh God, make it ever new; change my heart, oh God, let me be like you.« (»Verändere mein Herz, o Gott, mach es neu; verändere mein Herz, o Gott, lass mich sein wie du.«) Ich wünschte, es wäre so einfach. Ich wünschte, ein verändertes Herz wäre so einfach, wie ein Lied zu singen oder ein Gebet zu sprechen. Manchmal ist es das, aber in den meisten Fällen nicht. Es erfordert

Anstrengung. Manchmal erfordert es Schmerzen. Und es sind immer ein paar Unannehmlichkeiten mit dabei. Ein verändertes Herz ist das Resultat davon, ein paar neue Gewohnheiten einzuüben – ein paar Übungen für das Herz. Aus diesem Grund würden die meisten von uns lieber davon singen als die harte Arbeit tun. Wie Brian wollen wir ein Wundermittel. Eine schnelle Reparatur.

Aber man kann nicht erwarten, dass man sich eine schlechte Angewohnheit, die man seit Jahren gepflegt hat, über Nacht abgewöhnen kann. Man braucht eine Gewohnheit, um eine Gewohnheit abzulegen. Sie können jeden Tag für ein großzügiges Herz beten, aber solange Sie nicht anfangen, Ihr Herz dahin gehend zu trainieren, wird sich nichts ändern. Das ist, als betete man: »Herr, gib mir weniger Appetit, dann werde ich anfangen, weniger zu essen.« Wenn Sie Ihren Appetit verkleinern wollen, müssen Sie mit ein paar appetitzügelnden Übungen anfangen. Sie müssen ein paar neue Gewohnheiten entwickeln.

So bin ich eben

Aber alte Gewohnheiten sind hartnäckig. Schuld, Zorn, Gier, Eifersucht – sie alle sind gewohnheitsbildend. Und wie jede Angewohnheit, die unkontrolliert bleibt, bestimmen sie uns mit der Zeit. Diese Störungen werden so sehr Teil von uns, dass wir sie nicht länger als Probleme sehen, die gelöst werden müssen. Stattdessen tun wir diese zerstörerischen Gewohnheiten als Charakterzüge ab, die fest mit unserer Persönlichkeit verbunden sind.

»So bin ich eben.«

»Die Männer in meiner Familie sind berühmt für ihr Temperament.«

»Was soll ich sagen? Ich bin ein emotionales Mädchen.«

»Ich bin ein Sparer.«

Vor Jahren hatte ich einen Freund, Ralph, der sehr übergewichtig war. Wenn das Thema Gewicht angesprochen wurde, lächelte er und sagte: »Ich esse eben gern.« Das war seine Entschuldigung. Und

Ralph hatte diesen Satz so oft gesagt, dass er wirklich daran glaubte. Aus seiner Sicht war er nicht fett, weil ihm die Selbstkontrolle fehlte; er war ganz einfach mit einem größeren Hang zu kulinarischem Ergötzen als der Durchschnittsmensch geboren worden. Fett sein war Teil seines Selbst. Sein Umfang hatte nichts mit Angewohnheiten zu tun, die geändert werden mussten. Das war in etwa seine Meinung.

Aber zwei Herzinfarkte und ein paar Bypässe später ließ mein Freund das Theater sein und stellte sich der Realität. Es war Zeit, dass Ralph ein paar lebensbedrohliche Gewohnheiten ablegte und eine komplett neue Herangehensweise an Essen und Bewegung annahm.

Wir alle haben ein bisschen von Ralph. Wir tun unsere Angewohnheiten gern mit einem Lachen als »Charakterzüge« ab. Aber das ändert nichts an der Wahrheit: Es sind Gewohnheiten – destruktive Gewohnheiten, die wir ablegen müssen.

Und so beten wir für eine Veränderung, während wir genau wegen der Dinge, die wir ändern müssen, Ausflüchte machen. Wir wollen eines Morgens mit einem großzügigen Geist aufwachen, schuldfrei und zornfrei. Aber wenn es an der Zeit wäre, die Gewichte zu heben, die gewohnheitsüberwindenden Übungen zu machen, die notwendig sind, um eine Veränderung zu bewirken, sträubt sich etwas in uns: Wenn Gott mich über Nacht ändern will, prima. Aber wenn du von mir verlangst, daran zu arbeiten, dann versuchst du vielleicht, jemanden aus mir zu machen, der ich nicht bin.

Jetzt ist die Zeit

In den folgenden Kapiteln werden wir uns vier bestimmte geistliche Übungen ansehen, die, wenn Sie sie zu einer Gewohnheit machen, die Feinde Ihres Herzens wirksam kaltstellen werden. Wie körperliche Bewegung ist diese Kur umzusetzen oft eine reine Frage der Disziplin. Und ein Willensakt. Ein Akt des Willens, der sich den Gefühlen widersetzt. Und wie körperliche Übungen sind diese inneren »Dehnübungen« immer lohnend, selbst wenn sie nicht besonders angenehm sind.

Je länger Sie mit Schuld gelebt, an Zorn festgehalten, sich an Ihren Besitz geklammert oder sich mit anderen verglichen haben, desto härter wird es werden, diese vier Tugenden zu üben. Je länger Sie Ihr Herz vernachlässigt haben, desto schwerer wird es, es in Form zu bringen. Aber letztendlich wird es die Mühe wert sein. Ich habe nie einen körperlich trainierten Menschen gesehen, der die harte Arbeit bereut hat, die notwendig war, um in Form zu kommen. Und ich kenne niemanden, der eine gute Angewohnheit bereut. Aber wir kennen alle Leute, die den Preis für schlechte Angewohnheiten zahlen, die sie nie losgeworden sind.

Tatsächlich kennen Sie wahrscheinlich Leute, die die vier Gewohnheiten ständig praktizieren, über die wir gleich sprechen werden. Sie haben vielleicht nie gesehen, wie sie diese Übungen gemacht haben, aber an ihrem Leben ist etwas, das Ihnen einen Hinweis auf die Gesundheit ihres Herzens gibt. Einfach dargestellt: Sie sind glücklich. Ehrlich glücklich. Und es ist schön, in ihrer Nähe zu sein.

Glück ist eine Angewohnheit

Als ich anfing, dieses Buch zu schreiben, dachte ich daran, es *Was glückliche Menschen tun, um auch so zu bleiben* zu nennen. Wir kommen alle auf die Erde auf der Suche nach Glück. Als Pastor würde ich gern glauben, dass die Leute auf der Suche nach *Wahrheit* sind, aber die Besucherzahlen der Kirchen verwerfen diese Theorie eher. Wir alle wollen glücklich sein. Die meisten von uns denken, wir können es aus jemandem oder etwas anderem herausquetschen, aber das funktioniert nie. Vor allem nicht für denjenigen, der gequetscht wird.

Fragen Sie herum und Sie werden entdecken, dass die glücklichsten Menschen, die Sie kennen, Leute sind, die diese vier Angewohnheiten beherrschen. Es sind zwar erlernte Verhaltensweisen, aber glückliche Menschen scheinen sie instinktiv zu tun. Wir neigen dazu zu denken: Sicher war sie immer schon freundlich, liebenswürdig, bescheiden. Aber das ist selten der Fall. Mit der Zeit haben diese Gewohnheiten dazu beigetragen, den Charakter und die Beziehungsmuster dieser Person zu formen, oft weil er oder sie in einer Umgebung aufgewachsen ist, wo diese Gewohnheiten gelehrt und vorgelebt wurden.

Wir sind versucht zu denken, dass Glück einfach eine Frage der Veranlagung ist oder ein Produkt der Umstände. Aber denken Sie mal eine Minute darüber nach. Sie kennen Menschen in wenig beneidenswerten Umständen, die ehrlich glücklich sind. Auf der anderen Seite kennen Sie Leute, die so viel haben, dass sie nicht wissen, was sie damit anfangen sollen, die aber nie zufrieden sind. Warum? Weil Glück nicht gleichbedeutend mit Reichtum ist. Genauso wenig ist es gleichbedeutend mit Schönheit, Ehe, Ehelosigkeit oder jedem anderen äußeren Umstand oder Beziehungsstand.

Wie wir feststellen werden, arbeitet Besitz in Wirklichkeit *gegen* das Glück. Je mehr jemand hat, desto weniger großzügig ist er im Allgemeinen. Je mehr ein Mensch besitzt, desto mehr *Sorgen* trägt er mit sich herum. Je mehr ein Mensch hat, desto mehr ist ihm bewusst, was er nicht hat. Ich habe beobachtet, dass es sogar schwerer ist, glücklich und reich zu sein als glücklich und nicht so reich. Aber verzweifeln Sie nicht – selbst die Wohlhabenden können diese Herzensgewohnheiten meistern. Vor dem Glück sind alle gleich. Glück ist das Überfließen eines gesunden Herzens.

Okay, jetzt haben wir acht Kapitel lang *über* diese vier Gewohnheiten gesprochen. Lassen Sie uns die erste angehen.

Kapitel 10

Die Erinnerung, die nicht sterben will

Manning: *Was für Sünden kann ein Mann in einem einzelnen Leben begehen, um das hier zu verdienen?* Der Koloss (1957)

Jan Compton: *Nichts, was du sein könntest, ist schrecklicher als ich.*
The Brain That Wouldn't Die (1962)

Jeder bewährte Vampirjäger weiß, dass ein klein wenig Licht alles ist, was man braucht, um die guten von den toten Jungs zu unterscheiden. Ob Sie es glauben oder nicht, man kann tatsächlich etwas Wichtiges von Buffy, Van Helsing und anderen lernen. Geheimnisse, wie die wandelnden Untoten der grausigen Horrorfilme, verlieren ihre Macht, wenn sie dem Licht ausgesetzt werden.

Geständnisse enthüllen unsere Geheimnisse und befreien das Herz von der erdrückenden Macht der Schuld. Aber ich spreche nicht von der Art von Geständnis, an die die meisten von uns gewöhnt sind – zum Beispiel das einfache Eingeständnis der Schuld an einem bestimmten Vorfall: »Ja, Mama, ich habe deine Vase zerbrochen.« »Ja, Schatz, ich habe schon wieder aus der Milchtüte getrunken.« »Ja, Herr Wachtmeister, diese Ampel war rot.« Diese Art von Geständnis erleichtert unser Gewissen vorübergehend, deckt aber nicht die tieferen Geheimnisse auf, die wir in uns tragen. Und es sind die Geheimnisse, die unser Herz in Aufruhr halten.

Schlimmer noch, diese Art von Geständnis kann schädliches Verhalten verstärken statt einschränken und zu noch mehr Geheimnissen und größerer Schuld führen. Lassen Sie mich das erklären.

Einer der ersten Bibelverse, den ich als Kind auswendig gelernt habe, war 1. Johannes 1,9 (L). Schauen Sie mal, ich tippe ihn aus dem Gedächtnis:

> Wenn wir aber unsre Sünden bekennen, so ist er treu und gerecht, dass er uns die Sünden vergibt und reinigt uns von aller Ungerechtigkeit.

Das war zu schön, um wahr zu sein. Ich versaue es, ich gebe es zu, Gott vergibt mir, ich mache weiter. Ich hatte eindeutig ein Hintertürchen entdeckt. Mit der Zeit wurde dieser Vers eine Rettungsluke. Jede Nacht, bevor ich ins Bett ging, führte ich einen quälend detaillierten Monolog mit Gott. Hauptsächlich über meine Sünden. Ich versuchte, mich an alle Sünden zu erinnern, die ich an diesem Tag begangen hatte. Manchmal war meine Liste kurz; oft war sie es nicht. So oder so war ich ach so besorgt, bis ins kleinste Detail zu beichten, was ich Falsches getan, Falsches gedacht und Falsches gesagt hatte. Und zum Schluss, nur um sicherzugehen, fügte ich hinzu: »Und vergib mir auch alles, was ich übersehen habe.«

Ich schlief in dem Wissen ein, dass mein Sündeneimer leer war. Aber im Hinterkopf wusste ich, ich würde ihn vermutlich am nächsten Tag wieder auffüllen. Tatsächlich war es ziemlich wahrscheinlich, dass ich ihn mit denselben Sünden füllen würde, die ich eben ausgekippt hatte, bevor ich in den Schlaf gesunken war. Aber hey, ich hatte gebeichtet! Ich tat, was der Vers sagte. Und ich zählte auf Gott, dass er seinen Teil des Handels einhielt.

Aber dann bemerkte ich einen gefährlichen Trend. Wenn ich versucht war zu sündigen, begründete ich vor mir selbst: *Ich weiß, das ist falsch, aber wenn ich es durchziehe, kann ich es jederzeit bekennen, und Gott wird mir vergeben und alles ist prima.* Binnen Kurzem unterstützte meine Bekenntnisgewohnheit meine Sündengewohnheit.

Es war ein regelrechtes System, das ich mir da aufgebaut hatte.

Ich bin sicher, Gott rang die Hände und wanderte hin und her.

Immerhin hatte ich eine Hintertür gefunden.

Alle spielen

Unsere übliche Einstellung zur Beichte ist eine Beleidigung für Gott.

Als ich ein wenig älter wurde, entdeckte ich, dass meine katholischen Freunde ein ähnliches System hatten, aber mit einer leichten Abwandlung. Demnach, wie sie es beschrieben – und denken Sie daran, dass wir zu der Zeit alle dreizehn waren –, konnten sie tun, was immer sie wollten, dann zur Beichte rennen, ihre ganze schmutzige Wäsche vor dem Priester ausbreiten und dann fröhlich ihrer Wege gehen. Ich erinnere mich, dass ich dachte: Halten die Gott eigentlich für einen Idioten? Meine Freunde mussten doch die Heuchelei darin erkennen. Meiner Meinung nach behandelten meine katholischen Freunde die Beichte vollkommen anders als ich. Aber die Wahrheit ist: Es gab eigentlich keinen Unterschied.

Wir beichteten nicht als einen Schritt in Richtung Veränderung. Bei der Beichte ging es nur um Schulderleichterung. Ich wusste, selbst während ich beichtete, dass ich am nächsten Tag wieder hier sein und die gleichen Sünden beichten würde. Meine Prozedur hatte nichts mit Veränderung zu tun. Ich wollte mich nur besser *fühlen.*

Höchstwahrscheinlich spielen Sie Ihre eigene Version des Bekenntnisspiels. Manche beichten einem Priester, andere beichten direkt bei Gott, aber niemand von uns hat wirklich ein Interesse daran, etwas zu ändern. Aber wir fühlen uns auf jeden Fall besser. Der Schatten weicht. Die Weste ist weiß. Und jetzt, wo wir Gott von unserem Fall abgelenkt haben, glauben wir, er wird vielleicht auf unserer Seite sein. Aber würden Sie sich zu jemandem stellen wollen, der Sie so behandelt hat?

Stellen Sie sich vor, Sie hätten einen Bruder, der Sie ständig bestiehlt, Sie öffentlich blamiert und hinter Ihrem Rücken schlecht über Sie redet – aber einmal in der Woche kommt er und sagt, ganz allgemein gesprochen, es täte ihm leid (was Sie bereits wissen). Sobald Sie sich umdrehen, tut er es aber sofort wieder. Um das Ganze noch schlimmer zu machen, hat er noch die Stirn, Sie jedes Mal um Hilfe zu bitten, wenn er in der Klemme sitzt. Wie würden Sie diese Beziehung beschreiben? Selbst wenn Sie fähig wären, ihm jedes Mal wirklich ehrlich zu verzeihen, was würde letztendlich mit der Beziehung geschehen? *Es gäbe keine Beziehung.* Im besten Fall würden Sie sich ausgenutzt fühlen; mehr als wahrscheinlich wären Sie gekränkt. *Hält er mich eigentlich für einen Idioten? Glaubt er wirklich, ich würde seine Entschuldigung für ehrlich halten, wenn er sofort hingeht und dieselben Dinge immer und immer wieder tut?*

Muss ich die Frage überhaupt stellen?

Seien wir ehrlich, unsere Einstellung zur Beichte ist eine Beleidigung für unseren himmlischen Vater. Wir würden sicher nicht einmal daran denken, eine Beziehung mit jemandem aufrechtzuerhalten, der *uns* so behandelt hat. Es ist eine gute Sache, dass seine Liebe bedingungslos ist – sonst wären wir alle in Schwierigkeiten.

Was ging also schief? Warum dieser endlose Kreislauf? Wie kommt es, dass wir zugelassen haben, dass die Beichte zu einem Werkzeug wurde, das unsere Sünde noch erleichtert, statt sie zu beenden? Ich bin froh, dass Sie gefragt haben. Oder ich bin froh, dass ich gefragt habe. Jedenfalls ist das eine gute Frage und außerdem eine, die Beachtung verdient.

Wir spielen das Bekenntnisspiel, weil wir irgendwann auf dem Weg gelernt haben, dass der Sinn und Zweck der Beichte *Gewissenserleichterung* ist. Das heißt, wir beichten, damit wir uns besser fühlen mit dem, was wir getan haben. Und wenn Sie dem Ganzen noch einen theologischen Dreh geben wollen, beichten wir, weil wir denken, es wird irgendwie *Gott* helfen, sich besser zu fühlen mit dem, was wir getan haben. Unserem verdrehten Denken nach macht die Beichte alles wieder genau so, wie es war, bevor wir getan haben, was auch immer es war, das uns das Gefühl gibt, wir müssten beichten.

Aber kommen Sie schon, das ergibt doch nicht einmal Sinn. Wie kann vor Gott zu bekennen, was Sie jemand anderem angetan haben, alles wiedergutmachen? Wie stellt das irgendetwas wieder her? Was ist mit der Person, der Sie unrecht getan haben?

Es ergibt nicht nur keinen Sinn, es funktioniert auch nicht. Diese Pseudobeichte nimmt die Schuld nicht weg. Wie *Paracetamol* nehmen unsere schnellen Beichtgebete uns den akuten Schmerz, aber sie heilen nicht die Wunde, die durch unsere Sünde verursacht wurde. Das ist der Grund, warum Sie die Sünden Ihrer Vergangenheit immer von Neuem wiederholen und beichten. Die Schuld ist noch da.

Der Zweck der Beichte

Die sprachliche Definition von Beichte ist etwas zugeben oder anerkennen. Aber in der Schrift ist die Beichte mit Veränderung verknüpft. Die Beichte ist nur ein Schritt einer ganzen Reihe von Schritten, die den Schuldigen aus der Dunkelheit ins Licht führen; es ist ganz einfach der Beginn eines Prozesses, der schließlich zu einer Veränderung in Lebensstil oder Verhalten führt.

Die frühe katholische Literatur über Buße und Beichte unterstützt diese erweiterte Definition. In den frühen Tagen des Katholizismus durfte man dieselben Sünden nicht immer wieder beichten. Nur einmal. Denn wenn man seine Buße getan hatte, wurde Veränderung erwartet. Buße hieß laut Duden ursprünglich einmal *Besserung*. Unter Besserung stellt man sich oft jemanden vor, der in eine Richtung geht, sich bewusst wird, dass der Weg der falsche ist, die Richtung wechselt und in die andere Richtung geht.

In der Bibel ist Buße früh mit Entschädigung, Reue und Wiederherstellung verbunden. Im Alten Testament war Buße immer öffentlich und wurde mit einer Entschädigung verknüpft. Schauen Sie sich diese Anweisung von Gott an Mose an:

> Gib den Israeliten folgende Anweisungen: »Wenn jemand, sei es ein Mann oder eine Frau, auf die eine oder andere Weise sündigt und dadurch dem Herrn untreu wird, lädt er Schuld auf sich. Er soll die Sünde, die er begangen hat, bekennen und den gesamten Schaden, den er angerichtet hat, ersetzen. Er soll 20 Prozent dazutun und alles demjenigen geben, an dem er sich schuldig gemacht hat.« (4. Mose 5,6-7; NLB)

Für die Israeliten ging es dabei nicht darum, sich selbst besser zu fühlen; es ging darum, die Dinge mit jemandem richtigzustellen, gegen den man gesündigt hatte – mit Zinsen. Es genügte nicht, dass es einem leidtat. Gott ging es um die Veränderung. Und mit der Sünde an die Öffentlichkeit zu gehen und Entschädigung zu zahlen regte die Leute sicherlich zur Veränderung an.

Als Johannes der Täufer watend auf der Bildfläche erschien, rief er die Menschen genauso zur *Umkehr* auf wie zum Bekenntnis ihrer Sünden:

> Dies traf ein, als der Täufer Johannes in der Wüste auftrat und den Menschen verkündete: »Kehrt um und lasst euch taufen, denn Gott will euch eure Schuld vergeben!« Aus dem ganzen Gebiet von Judäa und aus Jerusalem strömten die Leute in Scharen zu ihm hinaus, bekannten öffentlich ihre Sünden und ließen sich von ihm im Jordan taufen. (Markus 1,4-5; GNB)

Das waren keine privaten Beichten. Das waren öffentliche Beichten in Verbindung mit öffentlicher Buße. Johannes' Publikum machte seine Absichten öffentlich, um ein anderes Leben zu leben. Sie beichteten nicht nur, um ihr Gewissen zum Schweigen zu bringen; sie waren bereit, ihre Sünden hinter sich zu lassen und in eine andere Richtung zu gehen. Die Beichte war nicht nur ein Mittel, um sich besser zu fühlen; es war ein öffentlicher Schritt weg von der Sünde.

Ein Stück weiter hinten im Neuen Testament finden wir den berüchtigten Zolleinnehmer Zachäus, der diesem Beichtmodell des Alten Testaments folgt. Aber statt dem geforderten Fünftel, das Gott in dem Gesetz eingeführt hatte, gab Zachäus das, was er unrechtmäßig genommen hatte, *viermal* zurück.

Zachäus war nicht der niedliche, kleine Mann, als der er in den Liedern unserer Kinder und Sonntagsschulklassen beschrieben wird. Er war ein böser Mann, der bei seinem Volk als Verräter bekannt war. Er hatte viele seiner Landsleute ungerecht behandelt und ließ in seinem Kielwasser eine lange Reihe von Beziehungstrümmern hinter sich.

Aber als Jesus sich selbst an diesem schicksalhaften Tag in Zachäus' Haus einlud, wurde der kleine Steuereintreiber verändert. Er fand in Jesus die Hoffnung und Vergebung, die er schon vor langer Zeit abgeschrieben hatte. Aber Zachäus wusste instinktiv, dass es nicht genügte, Jesus seine Sünden zu bekennen. Das war ein erster Schritt, aber eben nur ein erster Schritt.

> Herr, ich verspreche dir, ich werde die Hälfte meines Besitzes den Armen geben. Und wenn ich jemand zu viel abgenommen habe, will ich es ihm vierfach zurückgeben. (Lukas 19,8; GNB)

Zachäus gab nicht nur seine Sünden der Vergangenheit zu, er übernahm öffentlich die Verantwortung dafür. Er beichtete seine Schuld im wahrsten Sinn des Wortes.

Die Bibel spricht immer wieder von der Beichte, nicht im Sinne von Gewissensberuhigung, sondern im Sinne einer Lebensveränderung. Sie wird nie als Ersatz für Reue angeboten. Sie ist lediglich ein erster Schritt in Richtung Umkehr. Jakobus, Jesu Halbbruder, hatte Folgendes über die Rolle der Beichte im Leben eines Gläubigen zu sagen:

> Ihr Gebet im Glauben an Gott wird den Kranken heilen, und der Herr wird ihn aufrichten. Und wenn er Sünden begangen hat, wird Gott ihm vergeben. Bekennt einander eure Schuld und betet füreinander, damit ihr geheilt werdet. (Jakobus 5,15-16; NLB)

Jakobus fordert uns auf, uns gegenseitig unsere Sünden zu bekennen als Teil unserer Wiederherstellung. Er scheint hier anzudeuten, dass Krankheit etwas ist, was durch versteckte Sünde verursacht wird. Egal, wie Sie das sehen, überhören Sie nicht die Schlussfolgerung von Jakobus: Weil versteckte Sünde der Grund für sichtbare Krankheit sein könnte, ist das Schlaueste, was Sie tun können, sie zu bekennen. Nicht nur vor Gott, sondern vor anderen Leuten. Anders ausgedrückt: Bringen Sie Ihre Geheimnisse ans Licht.

Dieser Textstelle zufolge geht die Beichte körperlicher und geistlicher Heilung voraus. Ich sage es noch einmal: Hier geht es nicht darum, Ihr Gewissen zu beruhigen, sich besser zu fühlen oder vor Gott mit weißer Weste dazustehen. Beichten ist ein erster Schritt in Richtung Veränderung.

Eins nach dem anderen

Wir können unsere Differenzen mit Gott nicht klären, wenn wir nicht bereit sind, unsere Differenzen mit den Leuten um uns herum zu klären.

Zweifellos ist es das, was Jesus im Sinn hatte, als er seine Zuhörer mit folgender Belehrung schockte:

> Wenn ihr also vor dem Altar im Tempel steht, um zu opfern, und es fällt euch mit einem Mal ein, dass jemand etwas gegen euch hat, dann lasst euer Opfer vor dem Altar liegen, geht zu dem Betreffenden und versöhnt euch mit ihm. Erst dann kommt zurück und bringt Gott euer Opfer dar. (Matthäus 5,23-24; NLB)

Ich kann mir vorstellen, dass jemand in Jesu Publikum dachte: Moment mal. Du sagst mir, wenn ich den ganzen Weg zum Tempel gegangen bin, mich den halben Tag angestellt habe und ein einwandfreies Opfer mitgebracht habe, soll ich wieder gehen? Du willst, dass ich mein Lamm anbinde oder meine Taube jemand anderem gebe, nur um Frieden mit jemandem zu schließen, der sauer auf mich ist?

Das war auf jeden Fall ein neuer Kniff in den Geboten. Nicht nur neu, was noch schlimmer war, er war schrecklich unbequem. Und abgesehen davon, sollte nicht unsere Beziehung zu Gott unsere erste Priorität sein? Ist Gott nicht mehr daran interessiert, dass wir die Dinge mit ihm klären als mit unserem Nachbarn von nebenan? Sollten wir nicht Gott an die erste Stelle setzen? Natürlich sollten wir uns Gedanken über eine angespannte Beziehung machen – aber das kann doch sicher bis nach dem Gottesdienst warten!

Aber Jesus kommt auf seine ihm eigene Art daher und dreht alles um. Eigentlich sagt er, dass unsere Beziehung mit Gott von unserer Beziehung mit anderen Leuten abhängt – die beiden sind untrennbar. Er scheint ausdrücken zu wollen, dass unsere Fähigkeit, Gott ehrlich anzubeten und eine Kameradschaft mit ihm ohne Scham zu pflegen, durch den Status unserer Beziehungen mit anderen bedingt wird, inklusive derer, die wir gekränkt haben.

Die Wahrheit ist: Wir können unsere Differenzen mit Gott nicht klären, wenn wir nicht bereit sind, unsere Differenzen mit den Leuten um uns herum zu klären. Wir können nicht mit dem Vater verbunden sein, wenn wir es mit anderen wegen etwas, was wir getan haben, nicht sind. Beides geht Hand in Hand. Heimlich vor Gott oder einem Priester zu beichten ist kein Ersatz für die öffentliche Beichte vor jemandem, dem man unrecht getan hat. Gott schätzt Beziehungen und gibt der Wiederherstellung den Vorrang. Oft erfordert das eine Beichte – nicht nur vor Gott, sondern vor dem gekränkten Anderen.

Ein Teil des Weges mit Gott ist, den Anruf zu machen, den Sie fürchten; dieses Treffen zu verabreden, von dem Sie wissen, dass es unglaublich unangenehm werden wird; diesen Brief zu schreiben, den Sie schon vor langer Zeit hätten schreiben sollen. Es bedeutet, sich selbst zu erniedrigen, den eigenen Anteil am Problem einzugestehen und alles in unserer Macht Stehende zu tun, um diese Beziehungen richtigzustellen. Und wenn Sie Ihren Stolz hinunterschlucken und diesen zusätzlichen Schritt machen, geschieht etwas Bemerkenswertes. Die Schuld verliert ihren Halt in Ihrem Herzen und die Macht der Sünde in Ihrem Leben wird gebrochen.

Manche Dinge müssen zerbrochen werden

Offene Bekenntnisse haben die Macht, den Kreislauf der Sünde zu brechen. Eigentlich ist das der Zweck der Beichte. Und wie die meisten medizinischen Heilmittel funktioniert sie, wenn sie richtig angewandt wird.

Wenn Sie anfangen, Ihre Sünden den Leuten zu bekennen, gegen die Sie gesündigt haben, stehen die Chancen gut, dass Sie nicht wieder hingehen und dieselben Sünden noch einmal begehen werden. Vielleicht ist das der Grund, warum wir unsere Sünden lieber still vor Gott bekennen – es lässt uns eine Hintertür offen. Wir können Wiederholungstäter sein, ohne uns zu blamieren. Ich sage »Vielleicht«. In Wahrheit ist das genau der Grund, warum wir im Geheimen bekennen: In vielen Fällen wissen wir, wir werden das Vergehen wiederholen.

Aber wenn Sie sich zwingen, Ihrem Verkaufsleiter zu gestehen, dass Sie Ihre Zahlen im letzten Quartal aufgeblasen haben, und wenn wir annehmen, dass Sie Ihre Stelle behalten, werden Sie sie wahrscheinlich nicht wieder aufblasen. Nicht, wenn es bedeutet, dieselbe Übertretung ein zweites Mal zugeben zu müssen.

Wenn Sie den Mut aufbringen, einer Freundin zu gestehen, dass Sie jemandem weitererzählt haben, was sie Ihnen im Vertrauen erzählt hat, ist es sehr wahrscheinlich, dass Sie das nie wieder tun werden. Nicht, wenn es bedeutet, es noch einmal gestehen zu müssen.

Wenn Sie einem Lehrer beichten, dass Sie in einer Prüfung geschummelt haben, wird das wahrscheinlich die letzte Prüfung sein, bei der Sie je schummeln. Ich weiß das aus persönlicher Erfahrung.

Schuldige Menschen sind im Allgemeinen Wiederholungstäter. Und solange Sie ein Geheimnis mit sich herumtragen, solange Sie versuchen, Ihr Gewissen zu beruhigen, indem Sie Gott erzählen, wie leid es Ihnen tut, sind Sie auf dem besten Weg, die Vergangenheit zu wiederholen. Die Beichte jedoch – die Art, wie Gott sie sich gedacht hat – durchbricht den Kreislauf von Sünde und Schuld. Aber das ist erst der Anfang.

Kapitel 11

Wie man sie ins Freie lockt

Klaatu: *Sie haben eine einfache Wahl. Schließen Sie sich uns an und leben Sie in Frieden, oder verfolgen Sie Ihren momentanen Kurs weiter und rechnen Sie mit Ihrer Vernichtung. Wir erwarten Ihre Antwort.*

Der Tag, an dem die Erde stillstand (1952)

Wenn unser Grad der Verlegenheit von unserem Grad der Verzweiflung überschritten wird, sind wir ein Kandidat für Gottes Gnade.

Peter Lord

Die öffentliche Beichte hat die Macht, unsere Herzen von der Schuld zu reinigen, die uns davon abhält, offen zu leben; geheime Beichten nicht.

Vor einigen Jahren predigte ich als Vertretung für meinen Vater, als er nicht in der Stadt war. An diesem speziellen Sonntag sprach ich darüber, was es bedeutet, untadelig zu sein. Ich erinnere mich, dass ich etwas sagte wie: »Wenn Sie wirklich untadelig sind, dann können Sie jeder auch noch so genauen Prüfung standhalten. Der Präsident könnte Sie bitten, die Stelle des Justizministers anzunehmen, und Sie würden ohne Schwierigkeiten sämtliche Anhörungen absolvieren, weil Sie eine weiße Weste hätten.«

Kaum hatten diese Worte meinen Mund verlassen, als meine Gedanken plötzlich von der Erinnerung an einen Vorfall aus der Highschool überflutet wurden, in dem es um mich, meine Familie und unsere Gemeinde ging. Ich war damals sechzehn. Ich war wütend auf den Vater einer gewissen Familie, weil er etwas über meinen Vater gesagt hatte. Also dachte ich mir einen Streich aus, von dem ich dachte, dass er der ganzen Familie Gottesfurcht einbläuen würde. Glücklicherweise wurde niemand verletzt, aber ich ängstigte sie zu Tode. Vor allem ihre jüngste Tochter.

Was ich tat, war falsch. Schlimmer als falsch, es war illegal. Jetzt, wo ich Vater und Ehemann bin, sehe ich die Ereignisse dieser Nacht in einem anderen Licht. Was ich tat, war schrecklich. Wenn ich dieser Vater gewesen wäre, hätte ich vermutlich alles getan, um denjenigen zu bestrafen, der meiner Familie solch eine Angst eingejagt hatte.

Aber sie waren nicht die Einzigen, die von den Ereignissen dieser Nacht betroffen waren. Ich trug die Schuld meines Verbrechens täglich mit mir herum. Und keine Anzahl heimlicher Beichten, Gebete oder Buße konnte die Schuld auslöschen. Ich nahm 1. Johannes 1,9 Hunderte von Malen für mich in Anspruch. Ein paar Jahre nach dem Vorfall steckte ich sogar etwas Geld in ihren Briefkasten, um für den Schaden aufzukommen, den ich verursacht hatte. Aber nicht einmal das löschte den Schmerz aus.

Schließlich bekannte ich meine Sünde vor einem Pastor in der Gemeinde. Er versicherte mir, dass mir vergeben sei und dass ich mit meinem Leben weitermachen musste. Ich fragte ihn, ob ich zu der Familie gehen sollte und beichten, was ich getan hatte. Er sagte »Nein«. Aber er hatte unrecht.

Alle drei oder vier Monate erhielt ich eine sanfte Erinnerung vom Herrn. Dieses Mal war die Erinnerung nicht so sanft. Hier stand ich, predigte von der Kanzel meines Vaters und verlor fast meinen roten Faden, mitten in der Predigt. Ich erinnere mich daran, dass ich dachte: *Herr, jetzt ist nicht der richtige Zeitpunkt!*

Ich brachte die Predigt zu Ende und ging zurück ins Büro meines Vaters, um mein gut einstudiertes Gespräch mit Gott über diesen speziellen Vorfall zu führen. Ich erinnerte ihn daran, dass das, was ich getan hatte, in der Vergangenheit lag, dass für meine Sünden am Kreuz bezahlt wurde und ich Vergebung hatte. Und wie üblich wurde das Schuldgefühl leichter, ging aber nicht völlig weg.

Ein paar Tage später stellte ich während meiner stillen Zeit fest, dass ich nicht beten konnte. Alles, woran ich denken konnte, war dieser Vorfall, der mein Gewissen all die Zeit heimgesucht hatte. Fünfzehn Jahre lang hatte ich Gott deshalb widerstanden. Aber er ließ nicht locker. Es war, als würde Gott sagen: »Andy, du bist nicht schuldlos. Du verbirgst etwas.« Und ich erinnere mich, wie ich dachte: *Aber es ist kompliziert, und es ist so lange her, und es ist inzwischen wahrscheinlich gar keine große Sache mehr ...*

Schließlich kam ich zu dem Ergebnis, dass es viel einfacher war, mich mit dem Problem zu befassen, als weiterhin mit Gott zu streiten.

Also stand ich auf und setzte mich in mein Auto, ohne die leiseste Ahnung, was ich tun würde. Ich musste die Sache einfach mit diesem Mann und seiner Familie bereinigen. Also fuhr ich zu seinem Haus. Dann fuhr ich an seinem Haus vorbei. Dann fuhr ich noch einmal an seinem Haus vorbei. Ich brauchte lange, bis ich den Mut aufbrachte anzuhalten. Ich kann mich an keinen anderen Moment in meinem Erwachsenenleben erinnern, in dem ich so nervös wegen etwas war. Ich wusste nicht, ob er wütend sein oder mich einfach für verrückt halten würde. Ich nahm jedenfalls an, dass er die Polizei rufen würde.

Schließlich parkte ich in der Einfahrt, ging zur Tür und klingelte – und hoffte, dass niemand zu Hause sein würde. Der Mann, dem ich unrecht getan hatte, kam zur Tür und begrüßte mich mit dem verwirrtesten Blick, den Sie sich vorstellen können. Und das mit Recht. Ich war nie zuvor bei ihm zu Hause gewesen. Wir waren nie enge Freunde gewesen und ich hatte ihn seit Jahren nicht gesehen. »Andy? Was um alles in der Welt tust du denn hier draußen? Komm rein!«

Innerlich starb ich tausend Tode. Er hatte keine Ahnung, warum ich hier war. Was bedeutete, dass er nicht wusste, was ich getan hatte. Sonst hätte er mich von seinem Grundstück gejagt – dachte ich.

Er war allein. Inzwischen waren seine Kinder erwachsen und ausgezogen.

Sobald ich saß, sprudelte es aus mir heraus: »Ich bin hier, um mich zu entschuldigen.« Und er starrte mich einfach nur an. Er hatte immer noch keine Ahnung. Also sagte ich es noch einmal. Hauptsächlich, weil ich Angst hatte, dass ich, wenn ich nicht einfach anfing, den Mut verlieren würde. Ich erzählte ihm, was ich getan hatte. Und ich sagte ihm, wie leid es mir tat. Er starrte mich nur an. Wenn er aufgestanden wäre und mich durch den Raum geprügelt hätte, ich denke, dann hätte ich mich hundert Prozent besser gefühlt. Ich verdiente es auf jeden Fall. Also sagte ich ihm auch das. Jede Reaktion wäre meiner Meinung nach vollkommen gerechtfertigt gewesen. Als ich fertig war, lächelte er mich an und sage: »Weißt du, ich habe geahnt, dass du es warst.«

Sie müssen verstehen, dass ich das jahrelang mit mir herumgetragen hatte. Und die ganze Zeit hatte diese Person geahnt, dass ich hinter einem Vorfall steckte, der ihn einiges an Schmerzen und Geld gekostet hatte. Solange ich lebe, werde ich nicht vergessen, was dieser Ehrenmann am Ende unseres Gesprächs sagte. Er sah mich an und sagte: »Andy, ich fühle mich einfach nur gut.«

Ich sah Erleichterung in seinen Augen. Er hatte mir bereits vergeben und sagte das auch. Aber als ich zugab, was ich getan hatte, war es, als sei der Heilungsprozess vollendet worden. Wir beide weinten eine ordentliche Zeit lang und ich ging. Und ich war frei. Die Schuld war weg. Ich hatte endlich gebeichtet.

Der Grund, warum Sie sich wegen Dingen in Ihrer Vergangenheit immer noch schuldig fühlen, ist, dass sie immer noch ungelöst sind. Gott zu sagen, dass es Ihnen leidtut, vertreibt Ihre Schuldgefühle nicht, weil Gott nicht die einzige gekränkte Partei ist. Mit Gott reden ist nicht genug. Ihre Schuldenlast wird nicht beseitigt, bis Sie sie der Person beichten, der Sie unrecht getan haben. Dann, und nur dann, können Sie in Freiheit leben. Nur dann werden Sie frei von den Geheimnissen sein, die Mauern zwischen Ihnen und den Menschen gezogen haben, die Sie am meisten lieben.

Falsch angebrachte Gnade

Vergebung löscht unser Bedürfnis nicht aus, die Verantwortung für das zu übernehmen, was wir getan haben.

»Moment mal kurz«, werden Sie vielleicht einwenden, »was ist mit Vergebung? Gott hat mir meine Sünden vergeben. Warum muss ich einen Haufen Zeug aus meiner Vergangenheit ausbuddeln, wenn für alles schon am Kreuz bezahlt wurde? Übrigens war ich noch nicht einmal Christ, als ich ein paar von diesen Sachen gemacht habe.«

Wenn ich höre, wie Leute diese Art von Argumenten anbringen, muss ich lächeln, weil ich sie selbst jahrelang benutzt habe. Aber als all die theologischen Gymnastikübungen beendet waren, blieb mein Schuldgefühl. Warum? Weil Gott nicht die einzige gekränkte Partei war.

Übrigens lehrt uns dieselbe Bibel, die uns Gottes Vergebung versichert, auch das Prinzip der Wiedergutmachung. Vergebung löscht unser Bedürfnis nicht aus, die Verantwortung für das zu übernehmen, was wir getan haben. Eigentlich sollte Vergebung unsere Beichte steuern.

Teil unserer Verwirrung auf diesem Gebiet stammt aus der falschen Anwendung der Glaubenslehre der Gnade. Als Sie Christ geworden sind, sind Sie persönlich mit der bedingungslosen, unverdienten Gnade Gottes in Berührung gekommen. Wenn Sie wie ich waren, war es überwältigend zu erkennen, dass Sie nichts tun konnten, um Ihre Vergebung oder Rettung zu verdienen. Es war ein Geschenk – Punkt. Sie hatten es durch nichts, was Sie getan hatten, verdient. Ihre guten Taten haben und konnten Ihnen kein gutes Ansehen bei Gott verschaffen.

Aber das gilt *nicht* für Ihre Beziehungen zu anderen. Gott hat Ihnen vergeben, aber diejenigen, denen Sie unrecht getan haben, haben das vielleicht nicht getan. Tatsächlich kann es gut sein, dass sie über das, was ihnen angetan wurde, Gefangene von Bitterkeit und Zorn sind. Sie machen sich selbst etwas vor, wenn Sie glauben, dass alle, denen Sie unrecht getan haben, Ihnen einfach vergeben und mit ihrem Leben weitergemacht haben. Sicher, das hätten sie tun sollen. Aber wenn die Leute immer täten, was sie »tun sollten«, wäre Vergebung gar nicht erst ein Problem für uns!

Wir machen uns auch selbst etwas vor, wenn wir glauben, dass wir keine Wiedergutmachung leisten müssen. Die Gnade, mit der wir bei der Erlösung übergossen wurden, hat uns keinen Fluchtweg vor unserer Verantwortung anderen gegenüber verschafft. Im Gegenteil, genau diese Gnade sollte uns *zwingen*, wiedergutzumachen, was wir anderen angetan haben. Christus hat eine Schuld bezahlt, die nicht seine war und die wir nicht bezahlen konnten. Diese Art von Liebe sollte uns dazu anregen, die Schulden zu bezahlen, die wir denen zahlen *können*, denen wir sie wirklich schulden.

Die Strafe für unsere Sünden, soweit es Himmel und Hölle angeht, wurde ein für alle Mal erledigt. Die *Konsequenzen* unserer Sünden sind ein ganz anderes Thema. Wir umgehen die klaren Lehren der Heiligen Schrift, wenn wir unsere Vergebung als Entschuldigung benutzen, um die Schmerzen und die Peinlichkeit einer Versöhnung mit anderen zu vermeiden. Es stimmt, dass Sie Gott nie zurückzahlen können, was er für Sie getan hat. Aber Sie sind sicher in der Lage, Ihren Mitmenschen zurückzuzahlen, was Sie ihnen angetan haben. Und das ist der einzige Weg, um Ihr Herz ein für alle Mal von dem Gift der Schuld zu befreien.

Drehen Sie es herum

Wenn Sie die Macht der Beichte wirklich verstehen wollen, drehen Sie das Ganze herum – setzen Sie sich selbst auf die Empfängerseite. Denken Sie einen Moment nach: Wessen Entschuldigung wünschen Sie sich am meisten und erwarten Sie am wenigsten? Wer ist es, der scheinbar völlig unsensibel ist für den Ärger oder Schmerz, den er Ihnen eingebracht hat? Stellen Sie sich vor, wie Sie sich fühlen würden, wenn Sie einen Überraschungsbesuch von dieser Person bekommen würden. Wie würden Sie sich fühlen, wenn dieser Mensch hereinkommen würde, sich hinsetzen und die volle Verantwortung übernehmen würde für das, was er oder sie getan hat? Stellen Sie sich vor, was in Ihrem Herzen geschehen könnte, wenn diese Person mit ehrlicher Demut anbieten würde, alles in ihrer Macht Stehende zu tun, um wiedergutzumachen, was sie Ihnen angetan hat.

Meine Vermutung ist, dass Sie nie wieder der- oder dieselbe wären.

Es wäre Ihnen fast unmöglich, den Veränderungen zu widerstehen, die in Ihrem Herzen beginnen würden. Das ist die Macht der Beichte. Sie hat nicht nur das Potenzial, Sie von Ihrer Schuld zu befreien, sondern sie kann außerdem der Weg zur Vergebung für diejenigen sein, die Sie verletzt haben. Ihre Worte könnten tatsächlich einer verwundeten Seele Heilung bringen.

Vielleicht ist die größte Auswirkung unseres Widerwillens, unserer Verantwortung gerecht zu werden, dass sie die Feuer der Bitterkeit und des Zorns im Leben eines anderen anheizen. Viele, die verletzt wurden und deren Seele voller selbstzerstörerischer Wut ist, könnten durch eine einfache Beichte befreit werden.

Alles, was sie brauchen, um von den zerfressenden Mächten der Bitterkeit befreit zu werden, ist, dass derjenige, der sie verletzt hat, kommt und es wiedergutmacht, dass er sagt: »Ich weiß, ich kann es nie vollständig zurückzahlen. Ich weiß, ich kann es nicht ungeschehen machen, aber ich bin hier, um Ihnen zu sagen, dass ich verantwortlich bin und dass es mir leidtut. Und ich bin bereit, zu tun, was immer nötig ist, um es wiedergutzumachen.«

Für irgendjemanden da draußen halten Sie das letzte Puzzlestück in der Hand, das er oder sie seit langer Zeit zu ergänzen versucht. Ihre Verantwortung zur Beichte könnte das sein, was diesem Mann oder dieser Frau erlaubt, es hinter sich zu lassen. Einfach Gott zu beichten, bringt das nicht zustande. Und Gott beichten wird Ihr Herz nicht von der Schuld frei machen, die langsam Ihren Charakter und Ihr Gewissen zerfrisst.

Gottes Vergebung befreit Sie nicht von der Verantwortung, Ihre Schuld einzugestehen und wiedergutzumachen. Im Gegenteil, seine Vergebung ist der eigentliche Grund für das Geständnis. Gott zahlte einen hohen Preis, um Sie wieder mit ihm zu versöhnen, und jetzt ruft er Sie auf, den Preis zu bezahlen, um Sie mit anderen zu versöhnen.

Schuldtrip

Im Schatten des Kreuzes sind all unsere Ausreden nichts wert.

An einem bestimmten Punkt Ihrer Reise wird Gott Sie auffordern, sich umzudrehen und die Verantwortung für Ihre Vergangenheit zu übernehmen. Es kommt ganz sicher. Ungeklärte Beziehungen, Schulden, die nicht beglichen wurden, Entschuldigungen, die nie ausgesprochen wurden – das sind Dinge, zu deren Bezahlung und Klärung Gott uns schließlich führen wird. Wie tut er das? Durch dieses nagende, unbestreitbare, lästige Schuldgefühl, das einen verfolgt wie eine schlimme Erkältung. Sie werden es nicht schaffen, es wegzubeichten oder wegzubeten.

Natürlich ist es schmerzhaft. Ja, es ist unangenehm. Peinlich? Manchmal absolut demütigend. Aber denken Sie daran: Ihr Erlöser ist für unsere vergangenen und zukünftigen Sünden einen schmerzhaften, unangenehmen und furchtbar demütigenden Tod an einem römischen Kreuz gestorben. Es waren nicht einmal seine eigenen. Er übernahm die Verantwortung für die Sünden der ganzen Welt, und er starb, damit alle Männer und Frauen mit dem Vater versöhnt sein können.

Seien wir ehrlich, im Schatten des Kreuzes sind all unsere Ausreden, all unser Festklammern, all unsere vernunftmäßigen Erklärungen nichts wert. Wir haben wirklich keine Entschuldigung. Sein Tod war zu unserem Besten, und seine Gebote, was Beichte und Wiedergutmachung angeht, sind ebenfalls zu unserem Besten. Er will, dass Sie vollkommen frei sind von der Versklavung durch die Sünde. Die Beichte ermöglicht es Ihnen, aus dem Schatten der Sünde herauszukommen ins Licht, wo alles neu gemacht wird.

Die Gewohnheit der Beichte

Die Beichte ist kein einmaliges Ereignis. Sie muss zu einer Gewohnheit in Ihrem Leben werden. Wie viele Menschen, mit denen ich gesprochen habe, musste auch ich das auf die harte Tour lernen. Aber als ich über meinen Selbstbetrug hinaus war, ging ich es an und machte einen Neuanfang. Nicht mit Gott, sondern mit den Leuten, die ich verletzt und gekränkt hatte. Seither ist die Beichte für mich eine Gewohnheit geworden. Ich beichte immer sofort, damit aus kleinen keine großen Probleme werden. Ich bekenne Sachen, die die meisten Leute wahrscheinlich als belanglos abtun würden. Aber ich habe gesehen, welchen Schaden Schuld anrichten kann, und ich will nie wieder an diesen Punkt kommen.

Der Vorfall in der Highschool lehrte mich eine wertvolle Lektion. Schuld kratzt an meinem Selbstwertgefühl. Beichten hat die Macht, den Respekt der anderen mir gegenüber zu untergraben, aber Selbstachtung ist viel wichtiger. Außerdem kann ich kontrollieren, was andere von mir denken. Entweder ich verliere den Respekt der anderen oder ich verliere den Respekt vor mir selbst. Warum sollte ich mein Herz mit Schuld verschmutzen, weil ich versuche, einen Ruf zu schützen, den ich vielleicht sowieso nicht habe?

Denken Sie daran: Der Zweck der Beichte ist nicht, Ihr Gewissen zu erleichtern; es geht darum, Veränderung und Versöhnung zu bewirken. Also hören Sie auf, sich selbst in die Tasche zu lügen. Durchbrechen Sie den endlosen, sinnlosen Beichtenkreislauf. Setzen Sie dieses machtvolle Werkzeug so ein, wie es gedacht ist. Machen Sie Ihre Sünde öffentlich und reinigen Sie Ihr Herz von der Schuld, die Ihr Selbstbewusstsein und Ihren Glauben untergräbt.

Ich habe nie von einem Mann oder einer Frau gehört, die eine lähmende Gewohnheit ohne öffentliches Bekenntnis durchbrochen hätten. Fragen Sie die Leute bei den Anonymen Alkoholikern. Sie werden Ihnen sagen, dass eine Gewohnheit öffentlich zu machen der erste und vielleicht der wichtigste Schritt in Richtung Heilung ist. Beichten bricht die tödliche Umklammerung der Schuld und macht uns frei, damit wir die Zukunft annehmen können, die Gott für uns bereithält, ohne die toten Knochen der Vergangenheit mit uns herumzuschleppen.

Die Konsequenzen der Beichte sind weit weniger hart als die Konsequenzen der Geheimhaltung. Geheimnisse sind wie Splitter im Finger: Am besten holt man sie heraus; andernfalls entzündet sich die Wunde. Der Heilungsprozess kann nicht beginnen, bevor der Splitter raus ist – bevor Sie gestanden haben. Natürlich tut es weh, aber wissen Sie was? Mit der Zeit verursacht der Splitter, wenn man ihn ignoriert, viel mehr Schmerz und Komplikationen.

Also, haben Sie Geheimnisse? Spielen Sie das Beichtspiel? Erleichtern Sie Ihr Gewissen, ohne eine Veränderung zu sehen? Bereit, den Kreislauf zu durchbrechen? Es ist eine Gewohnheit, die alles verändern könnte.

Kapitel 12

Reise zum Planeten des Zorns

Steve (Off-Stimme): *Tokio, ein schwelendes Denkmal des Unbekannten, ein Unbekanntes, das in diesem Moment immer noch herrscht und jederzeit überall in der Welt mit seiner furchtbaren Zerstörung zuschlagen könnte.*
Godzilla (1956)

You keep carrying that anger,
It'll eat you up inside.

Du trägst diese Wut mit dir herum,
sie wird dich von innen auffressen.

Don Henley: »The Heart Of The Matter«

Von den vier Feinden, die um unser Herz konkurrieren, ist dies der offensichtlichste und vielleicht der gefährlichste: Zorn. Wenn er mit ungezügelter Intensität losgelassen wird, hinterlässt der Zorn eine Spur der Verwüstung. Aber hinter all dem Ärgern und Aufplustern, Toben und Rasen, Brodeln und Schmoren steht die grundlegendste der menschlichen Erfahrungen: Wir bekommen einfach nicht unseren Willen.

Wie wir gesehen haben, geht ein zorniger Mensch an Leben, Liebe und Beziehungen heran, indem er darauf achtet, alles zurückgezahlt zu bekommen. Der Zorn sagt: »Du schuldest mir etwas«, und ist oft nicht wählerisch, wenn es darum geht, wer bezahlen muss.

Mit diesem Gedanken im Hinterkopf sollte es nicht überraschen zu entdecken, dass das Heilmittel für Zorn *Vergebung* ist. Während schuldige Menschen die Gewohnheit der Beichte annehmen müssen,

müssen zornige Menschen die Gewohnheit der Vergebung entwickeln. Aber das ist nicht so einfach, wie es klingt, nicht? Vielleicht haben Sie schon versucht zu vergeben, und eigentlich hat sich nichts verändert.

Es gibt viel Verwirrung darüber, was es genau bedeutet zu vergeben. So viel, dass viele von uns das Gefühl haben, sie kommen nicht weiter. Jedes Mal, wenn ich über das Thema Vergebung spreche, sitzen anscheinend immer drei Arten von Leuten im Publikum: Diejenigen in der ersten Gruppe glauben, sie müssten vergeben, bringen aber nicht den Mut auf, es zu tun; die der zweiten Gruppe haben das Gefühl, sie würden damit den Verursacher vom Haken lassen, und das scheint ihnen nicht gerecht zu sein; und die der dritten Gruppe behaupten, vergeben zu haben, aber diese alten Gefühle kommen immer wieder hoch, und sie fragen sich schließlich, ob sie überhaupt je wirklich vergeben haben.

Wie vergibt man also jemandem? Wie weiß man, ob man es getan hat? Was, wenn die andere Person ein Wiederholungstäter ist? Was, wenn Sie nicht einmal wissen, wie Sie sich mit demjenigen, der Sie gekränkt hat, in Verbindung setzen sollen? Was, wenn Sie schon von vornherein den Gedanken nicht ertragen können, sich mit ihm in Verbindung zu setzen? Was, wenn er tot ist?

Eine unrealistische Forderung

Obwohl Christus uns das ultimative Beispiel für aufopfernde Liebe und Vergebung gegeben hat, bleibt die Frage, was man gegen seine Wut tun sollte, ein Problem für seine Anhänger. In einem Brief an die Gläubigen in Ephesus stellt Paulus eine Forderung, die unzumutbar zu sein scheint:

> Befreit euch von Bitterkeit und Wut, von Ärger, harten Worten und übler Nachrede sowie jeder Art von Bosheit. (Epheser 4,31; NLB)

Wir bekommen die Anweisung, uns von Wut zu »befreien«. Das ergibt nicht einmal Sinn, oder? Wie befreit man sich selbst von einer Emotion?

Das griechische Wort, das hier mit »sich befreien« übersetzt wird, bedeutet »wegnehmen, sich selbst von etwas trennen«. Sind Sie schon einmal versehentlich durch ein Spinnennetz gegangen? Sie schlendern so vor sich hin, summen eine Melodie, die Sie schon den ganzen Tag als Ohrwurm mit sich herumtragen, und Sie steuern direkt in die Arachnophobie. Was tun Sie? Ich kann Ihnen sagen, was *ich* tue. Ich fange an, hektisch an allem und jedem zu zerren, was sich entfernt wie ein Spinnennetz anfühlt. Weg von meinem Gesicht! Raus aus meinen Haaren! Runter von meinen Klamotten! Das ist der Begriff, den »sich befreien« hier trägt. Es loswerden, und das schnell.

Paulus listet hier alle Beziehungshemmer auf, die ihm einfallen. Bitterkeit, Wut, Ärger, harte Worte, üble Nachrede, und nur für den Fall, dass er eine vergessen hat, fügt er »jede Art von Bosheit« hinzu. Bosheit ist grundsätzliches Übelwollen gegenüber einem anderen. Paulus deckt alle Grundlagen ab: Welche negative Emotion Sie auch immer beherbergen, egal gegen wen, werden Sie sie los.

Das kommt mir unglaublich gefühllos vor, wenn es von einem Kerl kommt, der vor zweitausend Jahren gelebt hat und keine Ahnung hat, was in meinem Leben los ist. Wenn ich als vollkommen Fremder daherkommen und von Ihnen verlangen würde, dass Sie Ihre Bitterkeit gegenüber Ihrem Exmann oder Ihrer Exfrau loswerden, oder wer auch immer es ist, der Sie wahnsinnig macht, was würden Sie denken?

Ich könnte raten, aber ich würde wahrscheinlich nicht damit durchkommen, wenn ich es drucken lasse. Die jugendfreie Version würde ungefähr lauten: »Kümmern Sie sich um sich selbst! Abgesehen davon kennen Sie meine Seite der Geschichte nicht.«

Wenn ich lange genug bleiben würde, um sie mir anzuhören, würde ich wahrscheinlich entdecken, dass Sie ein ziemlich überzeugendes Argument haben, warum Sie jedes Recht der Welt haben, sauer zu sein und zu bleiben. Am Ende Ihrer Geschichte wäre ich vermutlich versucht, mich Ihrem Kreuzzug anzuschließen, wem auch immer zurückzuzahlen, was auch immer er oder sie getan hat. Sie hatten es nicht verdient, behandelt zu werden, wie Sie behandelt wurden, und die verdienen es nicht, damit durchzukommen.

Denkt über die Quelle nach

Was, wenn Paulus recht hatte? Was, wenn es einen Weg gibt, unsere Bitterkeit und Wut loszuwerden?

Bevor wir den Apostel Paulus als eine weitere fromme religiöse Figur abschreiben, die keine Ahnung hat, was in der wirklichen Welt vor sich geht, sollten wir darüber nachdenken, dass er diese Worte nicht schrieb, während er mit einem Laptop in einer Hängematte an den weißen Sandstränden von Tahiti abhing. Paulus diktierte diese Worte von seiner Zelle in einem römischen Gefängnis aus. Ungerecht eingesperrt und an Rom ausgeliefert, hatte er mehr als ein Jahr auf seinen Prozess gewartet, als diese Worte geschrieben wurden. Um alles noch schlimmer zu machen, war das politische Klima in Rom für Christen nicht günstig. Dieser neue »Kult« wurde sowohl von der breiten Bevölkerung als auch von den Herrschern mit Argwohn betrachtet. Trotz dieser alles andere als idealen Umstände instruiert Paulus die Gläubigen, sich von jeder Spur von Bitterkeit und Zorn zu befreien.

Aber ist das überhaupt möglich? Paulus scheint dieser Meinung zu sein. Er modifiziert seine Worte nicht. Er lässt keinen Raum für Interpretation und lässt auch Extremsituationen nicht als Ausnahmen zu. Was, wenn er recht hat? Was, wenn es einen Weg gibt, unsere Bitterkeit und Wut loszuwerden?

Wir haben bereits über die Konsequenzen davon gesprochen, mit einem Herzen voller Zorn herumzulaufen. Außerdem muss ich Ihnen, wenn Sie mit irgendetwas auf Paulus' Liste zu kämpfen haben – Bitterkeit, Wut, Ärger, jede Art von Bosheit –, nicht sagen, wie kompliziert das Leben sein kann.

Trotzdem, es klingt nicht realistisch. Schließlich ist Ihr Ärger nur eine Reaktion auf die Menschen und Ereignisse um Sie herum. Sie reagieren nur. Richtig? Es ist nicht Ihre Schuld, dass Ihr Chef inkompetent ist. Es ist nicht nur nicht Ihre Schuld, Sie können auch nichts dagegen tun. Und so fahren Sie jeden Nachmittag wütend nach Hause.

Und es ist nicht Ihre Schuld, dass Ihr Ehemann lieber mit den Leuten im Büro herumhängt als mit der Familie zu Hause. Auch dagegen können Sie wirklich nichts tun. Wie können Sie Ihren Zorn loswerden, wenn Ihr Zorn einfach eine gerechtfertigte Reaktion auf die Dinge ist, über die Sie keine Kontrolle haben? Fazit: Sie sind ein Opfer.

Schmerz, Zurückweisung, Kritik, Dinge, die einfach nicht so laufen, wie wir es gern hätten – all diese Dinge führen dazu, dass wir uns als Opfer fühlen. Kein Wunder, dass wir ausrasten. Kein Wunder, dass wir so schnell in die Luft gehen. Wer kann uns einen Vorwurf machen? Opfer sind machtlos. Opfer haben keine Kontrolle über ihr Leben. Opfer sind anderen ausgeliefert. Opfer können nur reagieren. Opfer sind Gefangene der Umstände, die nicht in ihrer Macht liegen.

Es sind diese Gefühle, das Opfer zu sein, die unsere Rechtfertigungen und Ausreden antreiben. Ein Opfer wird immer eine Ausrede haben. Eigentlich kann ein Opfer so ungefähr jede Art von Verhalten entschuldigen. Schauen Sie sich doch an, wie er behandelt wurde. Schauen Sie sich an, was sie erleiden musste. Was will man von jemandem erwarten, der so gelitten hat? Und so schaffen Schmerz und erlittene Kränkungen eine unangreifbare Mauer aus Entschuldigungen und Rationalisierungen.

Irgendwann glauben wir die Lüge: »Es ist in Ordnung, dass du dich so verhältst. Du hast keine Wahl. Bei dir ist dieses Verhalten vollkommen akzeptabel. Du musst dich nicht ändern. Du hast jedes Recht, so zu sein, wie du bist.«

Und am Ende haben wir keinen Anreiz, uns zu verändern. Schließlich ist es immer einfacher, gleich zu bleiben und sich zu entschuldigen. Opfer wollen nicht die Initiative ergreifen, sich zu verändern – sie wollen die Initiative ergreifen, um sicherzugehen, dass derjenige, der sie verletzt hat, *zahlt*. Und so verschwenden wir unsere Energie darauf, unsere traurige Geschichte zu erzählen, statt die Verantwortung für unser Verhalten zu übernehmen.

Auf diese Weise öffnen wir die Tür unseres Herzens und heißen das trojanische Pferd der Bitterkeit willkommen. Und da steht es, ein Denkmal, eine ständige Erinnerung an eine Schuld, die jemand noch zu zahlen hat. Jemand schuldet uns etwas. Und irgendwann schuldet *jeder* uns etwas.

Wenn wir also lesen: »Befreit euch von Bitterkeit und Wut, von Ärger, harten Worten und übler Nachrede sowie jeder Art von Bosheit«, denken wir: *Das geht nicht. Es liegt nicht in meiner Macht. Ich reagiere nur auf die Menschen und die Welt um mich herum. Ich kann das Zeug nicht loswerden. Verlangt das nicht von mir.*

Die geheime Formel

Vergebung ermöglicht es uns, freundlich und mitfühlend zu Menschen zu sein, die uns weder Freundlichkeit noch Mitgefühl entgegengebracht haben.

Was wusste Paulus also, was wir nicht wissen? Was bewegte ihn dazu, so gebieterisch zu Leuten zu sprechen, deren Lebenslage er nicht kannte? Die Antwort steht in der darauffolgenden Passage:

> Befreit euch von Bitterkeit und Wut, von Ärger, harten Worten und übler Nachrede sowie jeder Art von Bosheit. Seid stattdessen freundlich und mitfühlend zueinander und vergebt euch gegenseitig ... (Epheser 4,31-32; NLB)

Als Gegensatz zu Bitterkeit und harten Worten regt Paulus an, dass wir freundlich und mitfühlend zu denen sein sollen, die uns unrecht getan haben. Und dann kommt die Aufforderung »Vergebt euch gegenseitig«. Die Satzstruktur impliziert schon, dass die Vergebung tatsächlich das Mittel ist, durch das wir unsere Bitterkeit, Wut und Ärger beseitigen können – dass Vergebung das ist, was es uns ermöglicht, freundlich und mitfühlend zu Menschen zu sein, die uns weder Freundlichkeit noch Mitgefühl entgegengebracht haben.

Wenn Paulus hier aufgehört hätte, könnten wir uns in unsere eingespielten Ausflüchte darüber zurückziehen, wie schlimm wir behandelt wurden und wie unfair das Leben zu uns war. Wenn er nach »gegenseitig« einen Punkt gesetzt hätte, könnten wir zweifellos überzeugend argumentieren, dass die Leute, die unseren Zorn anfachen, keine Vergebung verdienen. Tatsächlich sind die meisten davon nicht einmal der Meinung, dass sie Vergebung brauchen, weil sie sich nicht bewusst sind, dass sie etwas falsch gemacht haben.

Aber er hörte an dieser Stelle *nicht* auf. Paulus entwirft das Konzept der Vergebung auf eine Art, die uns alle innehalten lassen sollte, um noch einmal über diese uralte Auffassung nachzudenken:

> Seid stattdessen freundlich und mitfühlend zueinander und vergebt euch gegenseitig, wie auch Gott euch durch Christus vergeben hat. (Epheser 4,32; NLB)

Die Freundlichkeit und das Mitgefühl, auf die Paulus sich bezieht, müssen durch eine vergebende Haltung angetrieben werden. Aber nicht nur irgendeine Vergebung. Wir sollen eine vergebende Haltung haben, die die Art widerspiegelt, die Gott uns in Christus entgegengebracht hat. Der kleine Ausdruck »wie auch« sollte fett, farbig hervorgehoben und in doppelter Schriftgröße gedruckt werden. Er trägt mehr Aussagekraft, als wir je verstehen werden. »Wie auch« ist das, was Paulus die Zuversicht gab, Menschen, die er kaum kannte, zu einer Verhaltensweise aufzurufen, welche die meisten als unrealistisch bezeichnen würden. Aber was noch wichtiger ist, »wie auch« ist der Schlüssel dazu, Gott zu erlauben, unsere Herzen von der Bitterkeit und Missgunst zu befreien, die das Potenzial haben, ihre zerstörerischen Tentakel in jede wichtige Beziehung zu strecken, die wir haben. »Wie auch« definiert die Bedeutung von Vergebung neu und bringt sie auf eine höhere Stufe.

Grenzen setzen

Einfach gesagt: Vergebung ist die Entscheidung, eine Schuld zu erlassen.

Zum Glück für uns nahm Jesus das Thema Vergebung während seines Dienstes auf der Erde frontal in Angriff. Interessanterweise war es die Verwirrung über diese Frage der Lösung von Beziehungskonflikten, die Jesus die Gelegenheit gab, Vergebung für uns alle in Matthäus 18,21-35 (L) neu zu definieren.

Als Jünger Christi kannte Petrus seine Verantwortung zu vergeben, aber er war nicht sicher, wie weit er damit gehen sollte – was man also mit der Person tun soll, die einen immer und immer wieder verletzt. Daher nahm Petrus Jesus beiseite und fragte: »Herr, wie oft muss ich denn meinem Bruder, der an mir sündigt, vergeben? Genügt es siebenmal?« Anders ausgedrückt: *Wann ist genug genug? Wie oft muss ich vergeben? Wann ist es in Ordnung, nicht zu vergeben?* Petrus wollte das Richtige tun, aber kommen Sie schon, wir haben alle unsere Grenzen. Wo ist die Gerechtigkeit in einem System, wo auf Schritt und Tritt vergeben wird?

Petrus nahm etwas in Angriff, wovon er dachte, dass es eine großzügige Antwort wäre: »Wie ist es mit siebenmal?« Petrus begann zu verstehen. Zweifellos gab es eine Zeit in Petrus' rauem Leben, als er vorgeschlagen hätte: »Zweimal?« oder vielleicht nur einmal. Aber er hatte zugehört. Er wusste, dass Jesu Sicht der Dinge anders war als die der religiösen Lehrer.

Aber indem er fragte: »Wie oft soll ich vergeben?«, zeigte Petrus, dass er das Wesen der Vergebung missverstanden hatte. Wie wir nahm Petrus an, Vergebung komme dem Täter zugute. Und wie viele von uns war Petrus bereit, sie ein wenig auszudehnen, ein netter Kerl zu sein: Er war bereit, ganze sieben Runden mit derselben Person über dasselbe Thema durchzustehen. Aber danach – oder an einem anderen vorher festgelegten Punkt – ist Schluss! Schließlich hat Vergebung ihre Grenzen. Das weiß jeder.

Jesus lächelte vermutlich, legte seine Hand auf Petrus' Schulter und sagte: »Ich sage dir: nicht siebenmal, sondern siebzigmal siebenmal.« Und bevor Petrus antworten konnte, erzählte Jesus eines seiner faszinierendsten Gleichnisse:

> Darum gleicht das Himmelreich einem König, der mit seinen Knechten abrechnen wollte. Und als er anfing abzurechnen, wurde einer vor ihn gebracht, der war ihm zehntausend Zentner Silber schuldig. Da er's nun nicht bezahlen konnte, befahl der Herr, ihn und seine Frau und seine Kinder und alles, was er hatte, zu verkaufen und damit zu bezahlen. Da fiel ihm der Knecht zu Füßen und flehte ihn an und sprach: Hab Geduld mit mir; ich will dir's alles bezahlen. Da hatte der Herr Erbarmen mit diesem Knecht und ließ ihn frei und die Schuld erließ er ihm auch.

Dieses Gleichnis ist solch eine Hilfe, weil Jesus über das emotional aufgeladene Thema der Vergebung auf eine Art spricht, dass jeder es verstehen kann. Er nimmt ihr das Rätselhafte. Einfach gesagt: Vergebung ist die Entscheidung, eine Schuld zu erlassen. Das ist so einfach, so praktisch, wird aber so oft nicht verstanden.

Noch mal von vorne.

Wenn jemand Sie kränkt, hat er Ihnen in gewisser Weise etwas genommen. Es wurden Schulden gemacht. Wir haben diesen Gedanken etwas weiter vorn in unserer Diskussion über Schuld angerissen. Wenn jemand über Sie lästert, läuft das darauf hinaus, dass diese Person Ihren guten Ruf stiehlt. Wenn ein Arbeitgeber einen Angestellten ungerechtfertigt feuert, beraubt der Arbeitgeber den Angestellten seiner finanziellen Sicherheit. Wenn ein Mann seiner Frau untreu ist, nimmt er ihr die emotionale Sicherheit und vielleicht noch viel mehr.

Wo es Verletzungen gibt, gibt es einen Diebstahl. Es entsteht ein Ungleichgewicht. Jemand schuldet jemandem etwas. Um Gerechtigkeit zu erlangen, muss eine Transaktion stattfinden, die dem Opfer etwas zurückgibt. Das könnte eine Entschuldigung sein, ein Gefallen,

Geld oder irgendeine andere Art von Wiedergutmachung, aber die Spannung wird bleiben, bis die Schuld beglichen ist.

In Jesu Gleichnis wollte der Herr die Schulden begleichen, die sein Diener bei ihm hatte, indem er ihn, seine Frau, seine Kinder und all seinen Besitz verkaufte – etwas, wozu er nach dem damaligen Gesetz jedes Recht hatte. Der Knecht hingegen tat das Einzige, was er tun konnte: Er flehte um Gnade. Dann tat er etwas eher Absurdes: Er versprach, die Schulden zurückzuzahlen. Zehntausend Zentner Silber waren eine riesige Menge Geld – mehr Geld, als der Knecht in seinem Leben je verdienen konnte. Seine Schuld ging über das hinaus, was in seiner Macht lag zurückzuzahlen. Zu seinem Glück war sein Herr ein gnädiger Mann. Der Herr hatte Erbarmen mit seinem Knecht und *erließ ihm die Schuld*. Er beschloss, auf sein Recht auf Rückzahlung zu verzichten. Und *das* ist das Wesentliche an der Vergebung: die Entscheidung, eine Schuld zu erlassen.

Jesus fuhr fort:

> Da ging dieser Knecht hinaus und traf einen seiner Mitknechte, der war ihm hundert Silbergroschen schuldig; und er packte und würgte ihn und sprach: Bezahle, was du mir schuldig bist! Da fiel sein Mitknecht nieder und bat ihn und sprach: Hab Geduld mit mir; ich will dir's bezahlen.

Jetzt sehen wir den Knecht, dem vergeben wurde, in derselben Situation, in der sein Herr war – in der Machtposition. Sein Kumpel schuldet ihm hundert Silbergroschen, einen kleinen Betrag, den sein Mitknecht zweifellos zusammenbringen konnte, wenn er ihm ein bisschen Zeit ließ. Und wir würden erwarten, dass dieser Mann, dessen riesige Schulden eben erlassen wurden, seinem Mitknecht dieselbe Gnade erweisen würde. Stattdessen »warf [er] ihn ins Gefängnis, bis er bezahlt hätte, was er schuldig war«. Er entschied sich, diesen unglücklichen Kerl auf die ursprüngliche Abmachung festzunageln. Schlimmer noch, er ließ ihn ins Gefängnis werfen, bis er oder ein Familienmitglied das Geld aufbrachte, um die volle Schuld zu bezahlen.

Als aber seine Mitknechte das sahen, wurden sie sehr betrübt und kamen und brachten bei ihrem Herrn alles vor, was sich begeben hatte. Da forderte ihn sein Herr vor sich und sprach zu ihm: »Du böser Knecht! Deine ganze Schuld habe ich dir erlassen ...«

Das ist Jesu Definition von Vergebung: erlassene Schuld.

»Deine ganze Schuld habe ich dir erlassen, weil du mich gebeten hast; hättest du dich da nicht auch erbarmen sollen über deinen Mitknecht, wie ich mich über dich erbarmt habe?«

Woraufhin jeder der Zuhörer, da bin ich mir sicher, energisch nickte und dachte: Natürlich hätte er Erbarmen mit seinem Mitknecht haben sollen. Das ist doch offensichtlich.

Und sein Herr wurde zornig und überantwortete ihn den Peinigern, bis er alles bezahlt hätte, was er ihm schuldig war.

Und zwar mit Recht! Jeder, der so undankbar ist, verdient es, seine Schuld bezahlen zu müssen. Das war keine außergewöhnliche Strafe. Es ging einfach darum, von dem Knecht seinen Teil der ursprünglichen Abmachung zu fordern. Er war etwas schuldig und er würde zahlen müssen. So weit, so gut.

Aber der nächste Satz, Jesu Schlusswort, war der Knaller. Es war der Teil der Geschichte, den niemand erwartete. Wenn Petrus sich immer noch fragte, was das alles mit seiner ursprünglichen Frage zu tun hatte, wurde es ihm jetzt schmerzlich bewusst.

Jesus sagte: »So wird auch mein himmlischer Vater an euch tun, wenn ihr einander nicht von Herzen vergebt, ein jeder seinem Bruder.«

Wenn die Bedeutung des Gleichnisses zu Beginn noch nicht klar war, war sie es jetzt mit Sicherheit. Der König in dem Gleichnis stellt Gott dar. Der Knecht, dessen Schulden erlassen wurden, ist jeder und jede, dem seine Sünden von Gott vergeben wurden. Und Sie werden es nicht glauben, der zweite Knecht ist jeder, dem wir etwas nachtragen, das er uns angetan hat. Es sind die Leute, die uns gekränkt, verletzt, blamiert, verlassen oder zurückgewiesen haben. Es sind die Leute, die uns etwas schulden. Die Leute, gegen die wir berechtigterweise etwas haben.

Und Jesu Worte könnten nicht deutlicher sein:

Erlasst ihnen ihre Schulden. Vergebt ihnen – sonst ...

Wie schrecklich, so etwas jemandem zu sagen, der missbraucht wurde! Vielleicht denken Sie: *Moment mal! Ich wurde schon einmal verletzt. Ich bin das Opfer. Und jetzt sagen Sie mir, dass, wenn ich diesem Menschen nicht vergebe – was er auch nicht verdient hat –, Gott auch noch hinter mir her ist? Was soll das?*

Der richtige Blickwinkel

Ich muss ehrlich sein. Wenn Jesus sagt: »So wird mein Vater jeden von euch behandeln«, weiß ich nicht mit absoluter Sicherheit, auf was genau er sich bezieht, aber offensichtlich ist es nichts Gutes. Dies war eindeutig eine strenge Warnung an diejenigen, die sich weigerten zu vergeben. Petrus hatte seine Antwort: Vergib jedes Mal. Wenn du das nicht tust, wirst du teuer dafür bezahlen. Vielleicht sah Petrus die Ironie darin. Vielleicht auch nicht.

Erlauben Sie mir eine Zusammenfassung: Wenn wir auf eine Wiedergutmachung warten für das, was uns angetan wurde, werden *wir* diejenigen sein, die zahlen. Wenn wir dagegen die Schulden erlassen, die andere uns schulden, werden *wir* frei sein.

Unsere negative Reaktion auf dieses Gleichnis zeigt unsere Naivität. Aus unserer Perspektive haben wir jedes Recht, eine Rückzahlung zu erwarten. Aus Gottes Perspektive ist es vielleicht das Selbstzerstörerischste, was wir tun können.

Es mag kein wörtlich zu nehmendes Gefängnis geben für diejenigen, die Groll in ihrem Herzen hegen. Aber wir sperren uns auf jeden Fall selbst in eine Art Gefängnis ein, wenn wir daran festhalten, was uns andere schuldig sind. Vielleicht ist es das, was Jesus im Sinn hatte, als er diese strenge Warnung aussprach: Wenn *wir* Bezahlung verlangen, werden *wir* zahlen. Seine Warnung ist hart, weil die Konsequenzen daraus, sie zu ignorieren, hart sind. Ungeklärter Zorn hat über Generationen hinweg Folgen.

Wenn Ihre Erfahrung mit Ärger ähnlich ist wie meine, wissen Sie, dass Jesu Warnung nicht übertrieben ist. Und es ist genau, was man von einem Erlöser erwarten würde, der auf die Erde kam, um uns von der Sünde zu erlösen.

Ihr Schmerz ist keine Trophäe zum Angeben. Er ist keine gute Geschichte. Er ist potenzielles Gift für Ihre Seele. Sich weigern zu vergeben bedeutet, sich selbst zu zerstören.

Kapitel 13

Nicht von dieser Welt

Colonel Edwards: *Das ist die fantastischste Geschichte, die ich je gehört habe.*
Jeff Trent: Und jedes Wort davon ist wahr.
Colonel Edwards: Das ist das Fantastische daran.

Plan 9 aus dem Weltall (1959)

Gott aber erweist seine Liebe zu uns darin, dass Christus für uns gestorben ist, als wir noch Sünder waren. *Römer 5,8; L*

Die tiefere Bedeutung des Gleichnisses vom undankbaren Knecht traf Petrus wahrscheinlich erst ein paar Monate später, als er Jesus anstarrte, der an einem römischen Kreuz hing. Wenn dies der Preis für seine Vergebung war, wie konnte er dann jemand anderem die Vergebung vorenthalten? Gottes Beschluss, Petrus zu vergeben, erforderte den Tod seines Sohnes. Petrus' Entscheidung, denen zu vergeben, die ihm unrecht getan hatten, würde ihn wenig mehr als seinen Stolz kosten.

Dasselbe gilt für uns.

Im Schatten meiner Verletzung fühlt sich Vergebung an wie die Entscheidung, meinen Feind zu belohnen. Aber im Schatten des Kreuzes ist Vergebung lediglich ein Geschenk einer unwürdigen Seele an eine andere. Vergebung ist das Geschenk, das meine Befreiung aus einem Gefängnis der Bitterkeit und des Grolls sicherstellt. Wenn ich die Vergebung Gottes annehme, werde ich von der Strafe für meine Sünde befreit; wenn ich die Vergebung auf meinen Gegner ausweite, werde ich in gewissem Sinne auch von seiner Sünde frei.

Das ist die Kraft hinter dem letzten Satz in Paulus' Ermahnung:

> Seid stattdessen freundlich und mitfühlend zueinander und vergebt euch gegenseitig, wie auch Gott euch durch Christus vergeben hat. (Epheser 4,32; NLB)

Die Art der Vergebung, über die Paulus spricht, ergibt keinen Sinn, es sei denn, dass man jemand ist, dem vergeben wurde. Er konnte den Gläubigen in Ephesus befehlen, bedingungslos zu vergeben, weil er an *Christen* schrieb – Männer und Frauen, die selbst durch Christus die Vergebung Gottes erfahren hatten.

Jedes Mal, wenn ich mit jemandem spreche, der zu vergeben zögert, liegt das ausnahmslos daran, dass diese Person ihre Entscheidung im Lichte dessen beurteilt, was *ihr* angetan wurde, statt darin, was *für* sie getan wurde. Das ist ein großer Unterschied. Die Perspektive ist alles. Als Gläubiger bin ich dazu aufgerufen und befreit, Vergebung aus der Perspektive des Kreuzes zu sehen. Wie der Knecht in Jesu Gleichnis wurde mir eine Schuld vergeben, die ich nie wiedergutmachen könnte – das *Mindeste*, was ich tun kann, ist die Schuld zu erlassen, die mir andere schuldig sind. Das bedeutet vergeben, »wie auch« Gott mir vergeben hat.

Wenn Sie Christen sind, wird von Ihnen nicht erwartet, andere so zu behandeln, wie Sie behandelt werden; Sie sind aufgerufen, Leute zu behandeln, wie Sie von Ihrem Vater im Himmel behandelt wurden. Sie vergeben nicht, weil der andere es verdient; Sie vergeben, weil Ihnen vergeben wurde.

Tägliche Jenseitigkeit

Sie vergeben nicht, weil der andere es verdient; Sie vergeben, weil Ihnen vergeben wurde.

Paulus sprach nicht von einem einmaligen Vorgang. Sein Gebrauch des Verbs »vergeben« im Präsens deutet auf eine Geisteshaltung hin, eine Einstellung, eine Gewohnheit. Vergebung ist ein Lebensstil für den Mann oder die Frau, der oder die sich darauf festgelegt hat, das eigene Herz frei von Zorn und Bitterkeit zu halten – es ist die erste Verteidigungslinie in Hinblick auf Schmerz und Enttäuschung.

Zu Paulus' Zeit gab es zwei verschiedene Wörter im Griechischen, die benutzt wurden, um das Konzept der Vergebung auszudrücken. Das Wort, das Paulus für seine Ermahnung wählte, enthält den Gedanken von Vergebung als *Geschenk.* Vergebung als ein Geschenk, das wir ständig geben sollen – wie ein Großvater, der immer bereit ist, ein paar Münzen an seine Enkel zu verteilen, sollen wir Vergebung bereithaben, um sie jederzeit geben zu können. Wir sind ausdrücklich dazu aufgerufen, Schulden zu löschen, sobald sie gemacht wurden.

Das bedeutet nicht, dass Vergebung etwas sein wird, was wir sofort spüren oder wozu wir sofort Lust haben werden. Ich weiß nicht, ob ich jemals *Lust* hatte, zu vergeben. Vergebung widerspricht unserem Gerechtigkeitssinn so sehr, dass es unwahrscheinlich ist, dass wir je *gern* vergeben werden. Aber in der Heiligen Schrift wird Vergebung nie als Gefühl dargestellt; sie ist immer als eine Entscheidung beschrieben. Vergebung ist ein Geschenk, das wir zu geben beschließen, egal wie wir uns fühlen.

Den Zorn erschlagen

Vier Phasen müssen stattfinden, um den Kreislauf der Vergebung zu vollenden. Ich zögere, sie »Schritte« zu nennen. Es sind eher Prozesse.

1. Identifizieren Sie, auf wen Sie böse sind

Das mag jetzt albern erscheinen. Aber das ist es nicht, und zwar aus folgendem Grund: Vergebung ist mehr als nur eine Entscheidung, mit Ihrem Leben weiterzumachen und die Vergangenheit zu vergessen. Versuchen, eine Schuld zu vergessen, ist nicht dasselbe, wie sie zu erlassen. Ich empfehle, dass Sie eine Liste der Leute machen, die Sie falsch behandelt oder ausgenutzt haben. Gehen Sie so weit zurück, wie Sie wollen, aber nehmen Sie nicht an, dass Sie jemandem vergeben haben, weil Sie es »hinter sich gelassen« haben.

Wem wollen Sie am liebsten nie wieder begegnen? Mit wem ertappen Sie sich bei imaginären Gesprächen? Wem würden Sie es gern heimzahlen, wenn Sie denken würden, dass Sie damit davonkommen? Wen wünschen Sie sich heimlich scheitern zu sehen? Gehen Sie es durch und stochern Sie in jedem Bereich Ihres Lebens herum – Familie, Freunde, Exfreund/-freundin, Exmann/-frau, verstorbenes Elternteil, Arbeitskollegen, Trainer, Chefs. Ich weiß, das macht keinen Spaß, aber es ist extrem wichtig. Dies ist eine Gelegenheit, Ihr Herz von dem Müll zu reinigen, der die Beziehungen behindert, die Ihnen am wichtigsten sind. Es ist die Mühe wert. Machen Sie eine Liste.

2. Bestimmen Sie, was sie Ihnen schulden

Dies ist der Schritt, den die meisten von uns überspringen. Als Ergebnis vergeben wir allgemein, aber nicht spezifisch. Das ist der Grund, warum das Gleichnis vom undankbaren Knecht so hilfreich ist. Genau wie der König den konkreten Betrag erließ, der ihm von dem Knecht geschuldet wurde, so müssen wir genau festlegen, was uns von denen, die uns verletzt haben, geschuldet wird.

Sie wissen, was die Person, die Sie verletzte, *getan hat*, aber was genau hat sie Ihnen *genommen*? Solange Sie die Antwort auf diese Frage nicht wissen, sind Sie nicht bereit zu vergeben. Solange Sie die Antwort auf diese Frage nicht wissen, werden Sie vielleicht denken, Sie hätten vergeben, aber Sie werden keine Befreiung spüren. Ich hab es tausend Mal gehört: »Aber ich habe ihm schon vergeben!« Im Allgemeinen wird das mit solch einer Intensität gesagt, dass es offensichtlich ist, dass noch keine wirkliche Vergebung stattgefunden hat. *Allgemeine* Vergebung heilt keine *spezifischen* Verletzungen. Es ist wichtig, dass Sie genau bestimmen, was Ihnen genommen wurde.

Was schulden Ihnen die Leute auf Ihrer Liste? Was haben sie Ihnen weggenommen? Was müssten sie Ihnen zurückgeben, damit alles wieder wäre wie vorher? Eine Entschuldigung? Geld? Zeit? Eine Ehe? Eine Familie? Eine Arbeitsstelle? Einen Ruf? Eine Chance? Eine Beförderung? Ein Kapitel Ihres Lebens?

Seien Sie spezifisch.

Sie können eine Schuld nicht streichen, wenn Sie sie nicht eindeutig identifiziert haben.

3. Streichen Sie die Schuld

Nachdem Sie genau bestimmt haben, was Ihnen genommen wurde, müssen Sie die Schuld löschen. Das bedeutet entscheiden, dass derjenige, der Ihnen unrecht getan hat, Ihnen nichts mehr schuldet. Genau wie Christus auf Golgatha Ihre Sünden ausgelöscht hat, so müssen Sie und muss ich die Schulden löschen, die andere bei uns gemacht haben. Das mag so einfach sein wie eine Entscheidung, die Sie still in Ihrem Herzen treffen. Oder vielleicht wollen Sie die Entscheidung mit etwas Greifbareren festmachen.

In dem Buch meines Vaters *Freiheit durch Vergebung* erzählt er, wie er den Tag kennzeichnete, an dem er seinem Stiefvater John vergab. Er setzte sich tatsächlich einem leeren Stuhl gegenüber und sprach, als sei sein Stiefvater wirklich anwesend. Er erzählte noch einmal alles, was er John über die Jahre nachgetragen hatte, und verzieh ihm. Als er das »Gespräch« beendet hatte, stand er auf, ging weg und war in der Lage, seinen Zorn und Groll hinter sich zu lassen. Jedes Mal, wenn diese alten Gefühle anfingen zu rumoren, hielt mein Vater sie in Schach, indem er sich selbst daran erinnerte, dass diese Themen erledigt waren. John schuldete ihm nichts mehr.

Ich habe von Menschen gehört, die auflisteten, was ihnen geschuldet wurde, die Liste dann in einen Umschlag steckten und ihn verbrannten und diese Schulden so als gelöscht erklärten. Ich kenne eine Dame, die ihre Liste im Garten begrub. Ich hörte von einem anderen

Typen, der seine Liste tatsächlich an ein Kreuz nagelte, als Erinnerung, dass Christus auch für diese Sünden starb.

Es hat Vorteile, Ihre Entscheidung zur Vergebung physisch sichtbar zu machen. Das kann vor allem eine Hilfe sein für diejenigen, deren Verletzungen in der Vergangenheit geschehen sind. Aber für das tägliche Unrecht, das uns geschieht, genügt eine schnelle, einfache, aber spezifische Erklärung. Im Folgenden finden Sie ein Beispiel dafür:

> Himmlischer Vater, __________ hat mir ________ genommen. Ich habe ihm diese Schuld lange genug vorgehalten, ich beschließe, diese Schuld auszulöschen. __________ schuldet mir nichts mehr. Genau wie du mir vergeben hast, vergebe ich _______.

Oft werde ich gefragt, ob es notwendig ist, der Person, der man vergeben hat, zu sagen, dass man das getan hat. Meiner Meinung nach nicht. Tatsächlich könnte es mehr Schaden anrichten als helfen. In vielen Fällen hat derjenige, der Ihnen unrecht getan hat, nicht einmal das Gefühl, etwas falsch gemacht zu haben. Ihm mitzuteilen, dass Sie ihm vergeben haben, könnte als Anklage verstanden werden. Der einzige Fall, wo es immer angebracht ist, ist, wenn jemand Sie bittet, ihm zu vergeben, oder wiederkommt, um sich für einen Vorfall in der Vergangenheit zu entschuldigen. Abgesehen davon ist es eine Sache zwischen Ihnen und Gott.

4. Schließen Sie die Akte

Der letzte Prozess konzentriert sich auf eine tägliche Entscheidung, Ihren Fall nicht wieder neu aufzurollen. Was dies so schwierig macht, ist, dass unsere Gefühle nicht automatisch unserer Entscheidung zur Vergebung folgen. Außerdem löscht die Vergebung nicht unsere Erinnerungen aus. Wenn wir vergeben und vergessen könnten, wäre das Ganze sehr viel leichter. Aber kaum, dass wir vergeben haben, passiert in den meisten Fällen etwas, das uns gleich wieder daran erinnert. Und wenn unsere Erinnerungen geweckt werden, kommt die Flut der alten Gefühle zurück.

In diesem kritischen Augenblick passiert normalerweise eines von zwei Dingen. Entweder (a) wir klammern uns wieder an das Vergehen, fangen wieder mit den imaginären Gesprächen an und öffnen unsere Akte wieder, oder (b) wir versuchen, nicht daran zu denken, und wenden unsere Gedanken etwas anderem zu. Keine der beiden Reaktionen ist angemessen oder hilfreich.

Wenn Erinnerungen an vergangene Verletzungen Ihren Geist überfluten, *stellen Sie sich ihnen*. Erlauben Sie sich selbst, sich an den Vorfall zu erinnern. Aber anstatt den Fall gegen Ihren Gegner wieder aufzurollen, nehmen Sie diese Gelegenheit wahr, um Ihre Entscheidung zu bekräftigen: »Er/sie schuldet mir nichts mehr.«

Dann danken Sie Ihrem himmlischen Vater, dass er Ihnen die Gnade und Kraft gegeben hat, vergeben zu können. Akzeptieren Sie nicht die Lüge, dass Sie eigentlich gar nicht vergeben haben. Konzentrieren Sie sich auf die Wahrheit, dass diese Schuld ausgelöscht wurde. Woher wissen Sie das? Weil Sie sich willentlich entschieden haben, sie zu löschen. Gefühle kommen und gehen. Aber die Entscheidung bleibt. Er schuldet Ihnen nichts! Sie schuldet Ihnen nichts!

Ihre Erinnerungen sind nicht Ihre Feinde. Erinnerungen sind einfach Erinnerungen. Was Sie mit ihnen tun, legt ihre Auswirkungen fest. Aufrichtiges Vergeben führt nicht immer zu aufrichtigem Vergessen.

Natürlich ist es verlockend, danach, wie Sie sich Ihrem Verursacher gegenüber *fühlen*, zu beurteilen, ob Sie vergeben haben oder nicht. Aber Ihre Gefühle jemandem gegenüber sind kein genauer Gradmesser – tatsächlich sind Ihre Gefühle im Allgemeinen das Letzte, was einlenkt. Aber mit der Zeit, wenn Sie sich an die Tatsache halten, dass dieser Mensch Ihnen nichts mehr schuldet, werden sich Ihre Gefühle verändern. Der Tag wird kommen, an dem Sie fähig sein werden, auf diesen Menschen vor dem Hintergrund dessen zu reagieren, wo er oder sie in Beziehung zu Christus steht, statt vor dem Hintergrund dessen, wie er Sie behandelt hat.

Die Sinnlosigkeit der Rache

Wiedergutmachung suchen oder darauf warten ist sinnlos. Darauf bestehen bedeutet, uns selbst unnötige Herzschmerzen zu machen.

Die Frage, die bei alldem unbedingt gestellt werden muss, lautet: »Ist es falsch, eine Wiedergutmachung für das zu wollen, was genommen wurde?« Die Antwort ist: nein. Es ist nichts Falsches daran, Wiedergutmachung zu wollen. Das Problem ist, dass es in den meisten Fällen unmöglich ist, zurückerstattet zu bekommen, was genommen wurde. Noch einmal spricht Jesu Gleichnis unser Dilemma an.

Dem König, der die Schuld des Knechtes aufhob, fehlte viel Geld, egal wie er mit der Situation umging. Der Knecht schuldete ihm weit mehr, als er je zurückzahlen konnte. Wiedergutmachung stand völlig außer Frage. Die Frau des Kerls, seine Kinder und seinen Besitz zu verkaufen, hätte ihm nicht einmal annähernd alles ersetzt. Und so ist es auch mit uns.

Immer, wenn ich Leute dränge, mir zu erzählen, was genau ihnen von denen, die sie am meisten verletzt haben, genommen wurde und was nötig wäre, um alles wieder richtigzustellen, sehen sie ein wenig perplex aus. Plötzlich werden sie mit der Erkenntnis konfrontiert, dass ihnen etwas geschuldet wird, das nicht zurückgezahlt werden kann. Kann ein Mann, der seine Kinder verlassen hat, wirklich ersetzen, was er ihnen genommen hat? Kann ein Sohn, der einem Elternteil jahrelang das Leben zur Hölle gemacht hat, zurückgeben, was er genommen hat? Und wie kann man Zeit ersetzen? Zuneigung? Wie zahlt eine Mutter ihrer erwachsenen Tochter zurück, dass sie nicht da war, um sie zuzudecken, als sie klein war? Man kann eine fehlende Beziehung nicht zurückzahlen. Man kann einen Ruf nicht zurückgeben. Es ist nicht möglich, jahrelange Kritik und Vernachlässigung wiedergutzumachen. Wie kann Ihnen jemand Ihre Unschuld wiedergeben? Ihre Reinheit?

Das sind Schulden, die nicht zurückgezahlt werden können.

Das Beste, was man tun kann, ist, sie aufzuheben.

Die Wahrheit ist, nichts kann die Vergangenheit ausgleichen. Mit dem Schmerz ist ein emotionales Element verbunden, das nicht durch Entschuldigungen, Versprechen oder finanzielle Rückzahlungen kompensiert werden kann. Eine Entschuldigung löscht eine Erfahrung nicht aus. In gewissem Maße wird immer eine Schuld ausstehen. »Wiedergutmachung« suchen oder darauf warten ist sinnlos. Es wird nicht passieren. Es *kann* nicht passieren. Darauf bestehen bedeutet, uns selbst unnötige Herzschmerzen zu machen. An unserem Schmerz festhalten, während wir auf Wiedergutmachung warten, bedeutet, die Saat der Bitterkeit Wurzeln schlagen und wachsen zu lassen. Wenn das passiert, erlauben wir der Person, die uns einmal verletzt hat, uns immer und immer wieder zu verletzen.

Die wichtigere Frage

Ich habe die Erfahrung gemacht, dass, wenn ein Mensch seine Herzkrankheit entdeckt, seine vorrangige Sorge nicht ist, wie er sie bekommen hat, woher sie kam oder wessen Schuld es ist, dass er sie hat. Seine Hauptsorge ist: »Wie bekomme ich das wieder hin?«

Wir sollten von einer ähnlichen Sorge angetrieben werden, wenn es um den Zorn geht, der unser Herz verschmutzt. Schuldzuweisungen machen uns nicht besser. Auf eine Entschuldigung warten auch nicht. Das Heilmittel ist Vergebung. Sie müssen eventuell etwas Zeit mit unerledigten Angelegenheiten der Vergangenheit verbringen. Hoffentlich werden die vier Prozesse in diesem Kapitel dazu beitragen, Ihnen das zu erleichtern. Aber in einer Welt, in der Vernachlässigung, mangelnde Sensibilität und Ungerechtigkeit eher die Regel als die Ausnahme sind, muss Vergebung eine Gewohnheit in unserem Leben werden.

Von den vier monströsen Kräften, über die wir sprechen werden, glaube ich, dass diese Kraft – ungelöster Zorn aus einer absichtlichen oder unabsichtlichen Verletzung – die zerstörerischste ist. In mancher Hinsicht jedoch lässt sie sich am leichtesten überwinden. Sie entschließen sich einfach dazu, die Schuld zu löschen. Sie entscheiden und erklären: »Du schuldest mir nichts, du schuldest mir nichts, du schuldest mir nichts mehr. Von einer Seele, die Vergebung erfahren hat, zur anderen: Du schuldest mir nichts.«

Kapitel 14

Die Geldfresser kommen

Gordon Gekko: *Gier, mangels eines besseren Wortes, ist gut. Gier ist richtig. Gier funktioniert. Gier klärt, durchschneidet und erobert das Wesen des revolutionären Geistes.* Wall Street (1987)

Frederick: *Schließlich hast du alles bekommen, alles, was ich hatte. Sogar mein Leben. Aber du wirst nicht lange genug leben, um es genießen zu können*! Das Haus auf dem Geisterhügel (1959)

Die Schuld sagt: »Ich schulde dir etwas.« Der Zorn sagt: »Du schuldest mir etwas.« Die Gier sagt: »Ich schulde mir etwas«. Der Mensch, dessen Herz von Gier ummantelt ist, glaubt, dass er die guten Dinge, die ihm begegnen, verdient hat, und ist deshalb entschlossen, seinen Besitz und sein Vermögen zu überwachen, wie er es für richtig hält. Gierige Menschen haben einen übergroßen Sinn für Eigentum.

Aber was den meisten gierigen Menschen nicht bekannt ist: Gier wird durch Angst angetrieben. Wenn man erst einmal all die Ausreden und die endlosen »Aber was wäre, wenn?«-Szenarien abschält, entdeckt man ein Herz voller Angst. Diese Person fürchtet vor allem, dass Gott sich entweder nicht um ihn kümmern kann oder will. Und wenn Gott es nicht tut, wer tut es dann? Also machen sich gierige Menschen auf den Weg, alles zu erwerben und zu erhalten, was sie brauchen, um das Gefühl der Sicherheit zu erlangen, das sie sich wünschen. Aber wie jedes menschliche Verlangen kann das Verlangen nach finanzieller Sicherheit nie voll und endgültig befriedigt werden. Es ist nie genug. Also gehen das Anhäufen und Horten und die Genusssucht weiter.

Aber sind da nicht ein oder zwei Verse in den Sprüchen, die uns ermuntern, uns auf die Eventualitäten des Lebens vorzubereiten? Und es ist auch nichts besonders Falsches daran, Dinge zu erwerben – wie dieses Buch zum Beispiel. Richtig? Und darin liegt die Herausforderung, diesen speziellen Feind des Herzens zu identifizieren. Wie wir gesehen haben, ist dieser Übeltäter in der Lage, sich als Tugend zu tarnen. Gierige Menschen sind oft Sparer, und Sparen ist klug. Gierige Menschen wollen nicht, dass ihre Kinder die finanzielle Bürde spüren, für sie sorgen zu müssen, wenn sie älter sind, und daran ist sicherlich nichts falsch.

Vielleicht hatte Gordon Gekko doch recht.

Vielleicht ist Gier *tatsächlich* gut.

Andererseits ...

Das Größere-Scheune-Syndrom (GSS)

Gier kann sich im Herzen einnisten und dort jahrelang unentdeckt leben.

Entweder geben wir es weg, während wir noch Zeit dazu haben, oder es wird weggenommen, wenn unsere Zeit abläuft.

Gordon war nicht der Erste, der sich über das Thema Gier ausgelassen hat. Jesus hatte ebenfalls etwas dazu zu sagen: »Gebt acht! Hütet euch vor jeder Art von Habgier!« Wollen Sie raten, warum Jesus seine Rede über die Gier in Lukas 12,15-21 (GNB) mit einer Warnung begann? Er wusste damals schon, was wir alle gerade erst entdecken. Gier kann sich im Herzen einnisten und dort jahrelang unentdeckt leben. Das unbewachte Herz ist höchst empfänglich für diese lähmende Krankheit. Sie ist schwer zu diagnostizieren – vor allem bei der Selbstdiagnose.

Jesus fährt fort und enthüllt die Lüge, die jede Gier antreibt: »Der Mensch gewinnt sein Leben nicht aus seinem Besitz, auch wenn der noch so groß ist.« Aber weiß das nicht jeder? Glaubt irgendwer wirklich, dass sein Leben das ist, was er besitzt? Die Antwort ist nein und ja. Nein, nicht jeder weiß das. Und ja, es gibt Menschen, die glauben, dass das Leben ziemlich genau die Summe dessen ist, was man besitzt. Und viele von uns sind heute anfälliger für diesen Irrglauben, als wir uns vorstellen können.

Damit leitet Jesus ein Gleichnis über einen reichen Grundbesitzer ein, dessen Besitz mehr Ernte eingebracht hatte, als er erwartet hatte oder brauchte. Sein Glück stellt ihn vor ein Problem: Er hat nicht genug Platz, um diese großzügige Ernte zu lagern. Er denkt sich: *Was soll ich jetzt tun? ... Ich weiß gar nicht, wo ich das alles unterbringen soll!* Anders ausgedrückt: *Was mache ich mit allen* meinen *Sachen, die ich als Ergebnis* meiner *harten Arbeit besitze?* Der Grundbesitzer hat nicht genug Platz, um seine Ernte »einzulagern« – das ist der Bauernausdruck für »sparen«. Was er braucht, ist ein Ort, wo er seine Vorräte »horten« kann.

In einer landwirtschaftlichen Gesellschaft wäre es sofort offensichtlich, dass der Überfluss der Ernte dieses Mannes wenig mit seiner harten Arbeit zu tun hatte; Bauern sind immer Faktoren ausgeliefert, auf die sie keinen Einfluss haben. Aber der gierige Mann oder die gierige Frau sieht die Welt nicht auf diese Art – was ihnen beschert wird, sei, so denken sie, ihr Verdienst. Und da dieser Grundbesitzer glaubt, dass er diesen Überfluss verdient hat, kommt er nicht auf die Idee, dass Gott etwas damit zu tun haben könnte. Und selbst wenn er diese Großzügigkeit Gottes Segen zugeschrieben hätte, kommt es ihm nicht in den Sinn, dass die Zugabe, mit der er gesegnet wurde, für jemand anderen gedacht sein könnte als für ihn.

Natürlich hatte Gott diesen Mann mit einer Zugabe versorgt. Die Frage, die er stellen sollte, ist: »Herr, was soll ich mit dem Überfluss tun?« Nur zum Spaß hätte ich gerne, dass Sie das laut aussprechen. Bereit? »Herr, was soll ich mit meinem Überfluss tun?« Versuchen Sie es noch einmal.

Aber so denken gierige Leute nicht. Und um ehrlich zu sein, auch ich denke nicht so. Wie ist das mit Ihnen? Wenn ich ein bisschen übrig habe, denke ich: *Habe ich ein Glück!* Wie der Grundbesitzer in dem

Gleichnis fällt mir immer etwas ein, was ich mit einer Zugabe anfangen könnte. Und im Allgemeinen gehe ich davon aus, dass sie für mich gedacht war. Schließlich habe ich sie erwirtschaftet; also habe ich sie auch verdient. Also lagere ich sie ein. Was genau das ist, was der Grundbesitzer zu tun beschließt:

> »Ich hab's«, sagte er, »ich reiße meine Scheunen ab und baue größere! Dann kann ich das ganze Getreide und alle meine Vorräte dort unterbringen und kann zu mir selbst sagen: Gut gemacht! Jetzt bist du auf viele Jahre versorgt. Gönne dir Ruhe, iss und trink nach Herzenslust und genieße das Leben!«

Größere Scheunen! Was für eine großartige Idee! Das wird sämtliche Probleme lösen. Er hat genug fürs Leben.

Der Grundbesitzer in diesem Gleichnis leidet am GSS – dem *Größere-Scheune-Syndrom*. GSS ist eine Krankheit, die häufig bei Herzen auftritt, die durch Gier beschädigt sind. Wenn ich es mir recht überlege, lebt mein Schwiegervater von Leuten mit GSS. Er besitzt Hunderte von Lagerhäusern im mittleren Georgia. Sie sind voller Zeug, das nicht mehr in die Häuser von Leuten passt. Hauptsächlich Gerümpel. Aber Gerümpel, das man hätte liquidieren können, wenn es etwas wert wäre. Gerümpel, das man zu Geld hätte machen können, das wiederum einem guten Zweck zugute hätte kommen können, für jemanden, der nicht genug hat. Aber nein, diese Leute haben beschlossen, eine größere Scheune zu mieten. Wissen Sie, warum? Weil sie dieses Zeug eines Tages brauchen könnten. Nur für den Fall, dass sie es vielleicht unter Umständen eines Tages möglicherweise brauchen könnten, haben sie also beschlossen, es zu lagern – zu horten.

Das Gute daran ist: Mein Schwiegervater ist ein sehr großzügiger Mann. Also nimmt er jeden Monat Miete dafür ein, dass er das Nur-für-den-Fall-Gerümpel seiner Kunden unterbringt, und benutzt einen Teil des Geldes, um lohnenswerte Projekte zu fördern. Er bekommt Anerkennung für seine gute Verwalterschaft, während seine Kunden Miete für ihre »Sachen« zahlen. Irgendwie ironisch. Wenn Sie also in den USA im mittleren Georgia leben und an GSS leiden, rufen Sie Bob an. Er wird Ihr Geld einem guten Zweck zuführen, selbst wenn Sie Angst davor haben. Aber jetzt zurück zu unserer Geschichte ...

Nachdem er sein Vorhaben ausgesprochen hat, größere Scheunen zu bauen, erklärt der Grundbesitzer, warum er beschlossen hat, so vorzugehen. Denken Sie daran, Gier sucht immer nach etwas »Gutem«, um sich dahinter zu verstecken. Dieser Mann hat zum Beispiel beschlossen, größere Scheunen zu bauen, um seine Zukunft zu sichern. Jetzt hat er alles, was er »auf viele Jahre« braucht. Daran ist nichts Falsches. Dank disziplinierter Planung und opportunistischen Sparens werden seine Kinder nicht für ihn sorgen müssen, wenn er alt ist.

Wenn die Geschichte hier enden würde, könnten wir diesen Mann sogar für ein Vorbild halten. Aber die Geschichte endet hier nicht. Niemandes Geschichte endet hier. Es stimmt zwar, dass der Grundbesitzer vorausgeplant hat, aber er hat nicht weit genug vorausgeplant. Er hatte recht: Er musste sich wirklich keine Gedanken um seine Zukunft machen – aber nicht auf die Art, wie er dachte. Er machte Annahmen über Jahre, die er nicht mehr vor sich hatte. Genauso, wie der Grundbesitzer den Gott-Faktor übersehen hatte, als er sein landwirtschaftliches Glück bewertete, hat er den Gott-Faktor übersehen, als er zählte, wie viele Jahre ihm noch blieben.

Er nahm an, dass sein Überfluss an Dingen ihm einen Überfluss an Zeit garantiere. Aber die beiden haben nichts miteinander zu tun. Am selben Tag, als der Gutsbesitzer die Entscheidung traf, alles zu behalten, was er erarbeitet hatte, verlor er es. Oder vielleicht müsste man eher sagen, *es* verlor *ihn*.

Direkt nachdem der Mann nach seinem Telefonat mit den Scheunen-Renovierungsexperten den Hörer aufgelegt hat, erreichen ihn schockierende Nachrichten: Er wird irgendwann in der Nacht sterben. Er ist dabei, auf die harte Tour zu lernen, dass das Leben nicht gleichbedeutend ist mit seinen Besitztümern. *Ihm wird die Zeit ausgehen, bevor ihm der Besitz ausgeht.*

Wie sich herausstellt, ist der Grundbesitzer mehr von Gott abhängig, als ihm klar war, denn er ist für seine Zuteilung der Zeit vollständig auf Gott angewiesen. Zu schade, dass er nicht sah, dass er für seine Zuteilung von Besitz ebenfalls von Gott abhängig war.

Als Gott ihm die schlechte Neuigkeit überbringt, stellt er dem Grundbesitzer eine Frage, die voller Auswirkungen für jeden von uns ist:

> Aber Gott sagte zu ihm: »Du Narr, noch in dieser Nacht werde ich dein Leben von dir zurückfordern! Wem gehört dann dein Besitz?«

Die Antwort auf diese Frage sollte offensichtlich sein: jemand anderem. Jemand anderer wird schließlich alles haben, was er »erarbeitet« und folglich »verdient« und deshalb gespart hat. Jemand anderer wird schließlich genau die Sachen haben, die er für sich selbst gehortet hat, statt sich auf Gottes Fürsorge zu verlassen. Am Ende werden all seine Besitztümer an andere verteilt. Nicht weil er großzügig ist, sondern weil er tot ist! Noch mehr Ironie.

Das Gleichnis vom reichen Dummkopf lenkt unsere Aufmerksamkeit auf eine offensichtliche, aber oft übersehene Wahrheit: Letztendlich wird alles, was wir zu unserem Besitz erklären, jemand anderem gehören. Am Ende wird alles weggegeben. Anzunehmen, dass alles, was uns beschert wird, für unseren eigenen Gebrauch gedacht ist, ist also kurzsichtig und dumm. Es ist keine Frage dessen, *ob* jemand anderes es bekommen wird; es ist einfach eine Frage dessen, *wann* und *wie* es geschehen wird. Entweder geben wir es weg, während wir noch Zeit dazu haben, oder es wird weggenommen, wenn unsere Zeit abläuft.

Jesus schließt sein Gleichnis mit einer ernsten Warnung: »So steht es mit allen, die für sich selber Besitz aufhäufen, aber bei Gott nichts besitzen.«

Dies ist Jesu Definition eines gierigen Menschen: ein Mensch, der Dinge für sich selbst anhäuft, aber bei Gott nichts besitzt. »Bei Gott etwas besitzen« ist Jesu Ausdruck dafür, großzügig gegenüber Bedürftigen zu sein. Ein gieriger Mensch ist jemand, der sorgfältig spart, aber sparsam gibt.

Aber was ist die Warnung, die Jesus zu vermitteln versucht? Was sagt er, was Ihnen und mir passieren wird, wenn wir großzügige Sparer, aber keine großzügigen Geber sind? Der Tod? Ich denke nicht. Der ist ziemlich sicher. Ein unerwarteter Tod? Das ist es auch nicht, glaube ich. Ich kenne ein paar großzügige Menschen, die unerwartet gestorben sind. Umgekehrt gibt es ein paar *sehr alte* gierige Menschen; zum Leidwesen ihrer gierigen Verwandten leben sie einfach weiter.

Ein totaler Verlust

Die wirkliche Moral dieser Geschichte ist: Diejenigen, deren Eifer, materielle Werte anzuhäufen, ihre Bereitschaft zu geben übertrifft, werden einen kompletten und vollkommenen Verlust erleben, wenn ihre Zeit abläuft. Der Grundbesitzer erlitt bei seinem Tod einen totalen Vermögensverlust: Er verlor alles in diesem Leben und hatte im nächsten nichts vorzuweisen. Er verlor nicht nur sein Leben, er verlor alles, was er als »Leben« ansah. Er war reich in dieser Welt, aber arm bei Gott, weil alles, was ihm beschert wurde, für ihn selbst verwendet wurde.

Den Worten Jesu nach war er ein Dummkopf. Ein Dummkopf, den die meisten von uns beneidet hätten, wenn wir ihn gekannt hätten. Ein Dummkopf, dem nachzueifern die meisten von uns die Tendenz haben, aber trotzdem ein Dummkopf. Der Gutsbesitzer war dumm genug zu glauben, dass ein Überfluss an Dingen auch Überfluss an Zeit bedeutet. Er war ein Dummkopf anzunehmen, dass sein Glück das direkte Ergebnis seiner harten Arbeit war. Er war ein Dummkopf, weil er denen, die weniger Glück hatten, nichts von seinem Überfluss abgab, obwohl er wusste, dass der Tag kommen würde, an dem ihm alles genommen werden würde, eingeschlossen jede weitere Möglichkeit, großzügig zu sein. Wie Mignon McLaughlin einmal in seinem Buch *The Second Neurotic's Notebook* schrieb: »›Geld oder Leben.‹ Wir wissen, was wir tun müssen, wenn ein Dieb uns diese Forderung stellt, aber nicht, wenn Gott es tut.«

Das Gleichnis vom reichen Dummkopf enthält zwei wichtige Aspekte für uns: Erstens definiert es Gier aus Gottes Perspektive. Zweitens schlägt es ein einfaches Heilmittel vor. Das Problem an Gottes Definition ist, dass sie ein bisschen breiter gefächert ist, als es den meisten von uns recht sein kann. Das Problem an seiner Lösung ist, dass sie unvermeidlich praktisch ist.

Einfach ausgedrückt: Die Lösung ist eine Gewohnheit.

Eine Gewohnheit, die die Macht hat, unsere giergetriebenen Herzen zu befreien.

Kapitel 15

Die Bestie mit den fünf Fingern

Wenn ich Geld habe, werde ich es schnell los, damit es keinen Weg in mein Herz findet. John Wesley

Major Purdue: *Es wird uns töten oder verhungern, und wir müssen es töten oder sterben.* It! The Terror From Beyond Space (1958)

Es gibt eine Frage, die wir uns selbst von Zeit zu Zeit stellen müssen: Warum habe ich so viel?

Mir ist natürlich klar, dass Sie nicht so viel haben, wie Sie wollen. Wenige von uns tun das. Noch einmal, der Wunsch nach Besitz ist wie der Rest unserer Begierden – er kann nie vollständig und endgültig gestillt werden. Aber wenden Sie nur für einen Moment Ihre Konzentration von Ihrem *potenziellen* Besitz und Einkommen ab und denken Sie über Ihre *tatsächlichen* Einkommens- und Besitzverhältnisse nach. Denken Sie an alles, was Sie haben. Wahrscheinlich ist es mehr, als Ihre Eltern in Ihrem Alter hatten. Vielleicht ist es bedeutend mehr, als die meisten Leute auf der Welt für sich beanspruchen können. Warum also Sie? Warum haben *Sie* so viel?

Wir müssen ab und zu etwas langsamer machen und uns dazu zwingen, mit dieser Frage zu ringen. Warum? Weil eine konsumgetriebene Kultur uns darauf laserfokussiert, was wir *nicht haben*, und uns darauf zu konzentrieren, was wir nicht haben, macht unsere Herzen anfällig für Gier. Wie? Weil ich, solange ich auf der Jagd nach mehr bin, wenn tatsächlich mehr hinzukommt, annehme, dass es alles für mich ist. Solange ich für den nächsten Kauf lebe, die nächste Verbesserung, das nächste Was-auch-immer, konsumiere ich geistig, was ich hoffentlich bald physisch konsumieren werde. Ich nehme den zukünftigen Konsum vorweg. Diese Art Einstellung lässt uns wenig Spielraum für Großzügigkeit. Und bevor wir es merken, bauen wir größere Scheunen oder eine größere Garage oder rufen Bob an.

Lassen Sie mich also noch einmal fragen: Warum haben Sie so viel? Der reiche Gutsbesitzer glaubte, er hätte es verdient; er erkannte nicht die göttliche Fürsorge hinter seiner Zusatzernte. Angenommen, Sie sind nicht so kurzsichtig, wie er war, dann stelle ich die Frage andersherum: Warum hat Gott Sie mit mehr versorgt, als Sie *brauchen*?

Wenn das eine unangenehme Frage ist, denken Sie über Folgendes nach: In der Vergangenheit, als Sie nicht genug hatten, haben Sie da gezögert, Gott über Ihren Mangel zu befragen? Wahrscheinlich haben Sie kein bisschen gezögert. Sie haben ihn auf der Stelle wissen lassen, dass Sie bedürftig waren. Und wenn Sie sind wie ich, dann haben Sie ihm gesagt, dass Sie von *ihm* erwarten, für Sie zu sorgen. Und wenn er es tat, was taten Sie dann? Sie haben ihm gedankt. Sie haben Ihre Geschichte vielleicht sogar ein paar Leuten erzählt. Warum befragen Sie also jetzt, wo Sie mit mehr als genug auf der anderen Seite stehen, Gott nicht auch darüber?

Wenn wir nicht genug haben, fragen wir uns, warum.

Warum fragen wir uns das nicht, wenn wir mehr als genug haben?

Das Überschuss-Dilemma

Je mehr ich habe, desto mehr denke ich darüber nach und desto mehr Sorgen mache ich mir darüber.

Sie wissen, worauf ich damit hinauswill. Das Gleichnis vom reichen Dummkopf macht nur zu deutlich, warum wir mehr haben, als wir brauchen. Aber bevor wir uns auf die Vorhersagbarkeit stürzen, lassen Sie uns über unsere Möglichkeiten nachdenken.

Wie sehen unsere Möglichkeiten aus? Was könnte Gott vorhaben, wenn er uns mehr als unser tägliches Brot gibt? Vielleicht haben Sie mehr, als Sie brauchen, damit sichergestellt ist, dass Ihre Kinder alles haben, was sie brauchen. Ist das der Grund, warum Gott Sie so versorgt hat? Vermutlich nicht. Tatsächlich sorgt es im Allgemeinen nicht für Erfolg in ihrem Leben, wenn man seinen Kindern viel Geld hinterlässt oder gibt. Und in all meinen Jahren der Beratung habe ich niemanden sagen hören: »Meine Probleme begannen, als meine Eltern mir nicht genug Geld hinterließen.« Aber die Welt ist *voll* von Menschen, deren Probleme begannen, als sie Geld erhielten, das sie nicht verdient hatten. Ich glaube nicht, dass Gott Ihnen gab, was Sie haben, um Ihre Kinder zu verderben.

Vielleicht hat Sie Gott mit einem Überfluss versorgt, damit Sie sich keine Sorgen machen müssen. Vielleicht will er, dass Sie sich auf Ihr angesammeltes Kapital verlassen können, damit Sie Frieden haben. Aber ich nehme an, dass es das auch nicht ist. Im Allgemeinen gilt: Je mehr jemand ansammelt, desto mehr Sorgen macht er sich darum. Abgesehen davon ist Friede eine Gabe des Heiligen Geistes, nicht das Nebenprodukt von angehäuftem Reichtum. Je mehr ich habe, desto mehr denke ich darüber nach und desto mehr Sorgen mache ich mir darüber.

Es gibt eine dritte Variante. Vielleicht hat Gott Sie mit Überschuss versorgt, um Ihren Lebensstandard anzuheben. Vielleicht geht es nur darum, Ihren Lebensstil eine oder zwei Stufen zu verbessern. In unserer Kultur treten wir alle mit der Annahme ins Erwachsenenalter ein, dass unser *Lebensstil* mit unserem *Einkommen* Schritt halten sollte. In der Tat übersteigt dank der Kreditkartenindustrie bei vielen Menschen unserer Kulturkreise der Lebensstil ihr Einkommen leicht. So oder so werden wir ständig angespornt, nicht zuzulassen, dass das eine zu weit hinter dem anderen zurückbleibt. Das Ergebnis ist natürlich künstlich erzeugter finanzieller Druck.

»Künstlich?«, fragen Sie. »Meine finanziellen Sorgen fühlen sich nicht sehr künstlich an.« Sie fühlen sich nicht künstlich an, weil die Kosten, die damit einhergehen, Ihren Lebensstil aufrechtzuerhalten, sehr real sind – Sie müssen wirklich die Rechnung für Ihr Kabelfernsehen bezahlen, Ihre Handyrechnung und Ihre Kreditkartenabrechnung. Aber diese Rechnungen existieren, weil Sie sich entschieden haben, einen Lebensstil zu führen, der mit Ihrem Einkommen Schritt hält (oder es überholt). Sie haben sich selbst davon überzeugt, dass all dieser Luxus *notwendig* ist – Dinge, ohne die Sie nicht leben können. Ihr aufgeblasener Sinn dafür, was essenziell ist, hat finanziellen Druck geschaffen, aber es ist ein künstlicher Druck. Vielleicht müssen Sie Ihren Lebensstil nur einen Gang oder zwei drosseln, und der Druck würde nachlassen.

Denken Sie darüber nach. Egal, wie viel Geld jemand verdient: Wenn er sich selbst keinen Spielraum lässt, wird es keinen Seelenfrieden geben. Schlimmer noch, wenn all Ihr Geld schon verplant ist, bevor Ihr Gehalt überwiesen wird, hat die Gier unbegrenzten Zugang zu Ihrem Herzen. Warum? Weil jedes Extra, das hereinkommt, auch schon verplant ist. Sie planen vorzeitig, es auszugeben. Wenn es keinen finanziellen Spielraum gibt, ist es unmöglich, Geiz zu vermeiden. Wenn der Druck da ist, haben wir kaum eine andere Wahl, als zuerst an uns zu denken.

Das ist das Wesen der Gier. Sie müssen nicht einmal wirklich etwas übrig haben, um gierig zu sein. Solange Sie planen, alles für sich selbst auszugeben, was Ihnen beschert wird, sind Sie ein Kandidat dafür. Wenn Sie zugelassen haben, dass Ihr Lebensstil im Gleichschritt mit Ihrem Einkommen geht oder es überholt, werden Sie es nahezu unmöglich finden, die Gier davon abzuhalten, in Ihrem Herzen Wurzeln zu schlagen.

Vorruhestand

Natürlich müssen wir auch noch eine andere Option bedenken. Vielleicht hat Gott Sie mit zusätzlichem Einkommen versorgt, damit Sie früh in Rente gehen können. Das ist das, was der reiche Gutsbesitzer im Gleichnis vorhatte. Aber genauso, wie es ihm nicht in den Sinn kam, großzügig mit seinem Geld zu sein, fiel ihm ein, dass er großzügig mit seiner Zeit sein könnte:

> Dann kann ich ... zu mir selbst sagen: Gut gemacht! Jetzt bist du auf viele Jahre versorgt. Gönne dir Ruhe, iss und trink nach Herzenslust und genieße das Leben! (Lukas 12,18-19; GNB)

Es gibt ein paar Männer in unserem Mitarbeiterstab, die dank einer Kombination von harter Arbeit und Glück früher aufhören konnten zu arbeiten. Aber statt nach Florida zu ziehen und Golf zu spielen, entschieden sie sich dafür, ihre Führungs- und geschäftlichen Qualitäten in ihre örtliche Gemeinde zu reinvestieren. Diese Männer waren reif genug zu erkennen, dass Gott ihre Zeit nicht freigestellt hatte, damit sie nur essen, trinken und das Leben genießen sollten. Sie verstanden, dass ihre »freie« Zeit ein Besitz war, den sie verantwortlich verwalten sollten, und so beschlossen sie, ihn wieder in Gottes Reich zu investieren.

Außerdem gibt es einen Typen in unserer Gemeinde, der genug Geld verdiente, um sich mit Anfang vierzig bequem zur Ruhe setzen zu können. Auch er nahm an, dass Gott wollte, dass er seine Energien in den vollzeitlichen Dienst stellte. Aber durch eine Reihe von Erfahrungen und Gesprächen kam er zu der Erkenntnis, dass Gott ihm die Gabe gegeben hatte, Geld zu machen. *Das* war sein Dienst. Also ging er zurück an die Arbeit, aber nicht, um seinen eigenen Wertpapierbestand zu vergrößern. Er ging zurück an die Arbeit mit dem Ziel, strategische Projekte in aller Welt finanziell zu unterstützen.

Diese Männer haben es geschafft, das Größere-Scheune-Syndrom zu vermeiden. Wie der reiche Gutsbesitzer hatten sie letztlich mehr, als sie brauchten. Aber sie waren weise genug, innezuhalten und zu fragen: *Warum? Warum hat Gott mich mit mehr versorgt, als ich brauche?* Und zur rechten Zeit wurde die Antwort klar.

Wenn Gott Ihre Scheunen schneller füllt, als Sie erwartet haben, könnte das deshalb sein, damit er Sie früher, als Sie geplant hatten, vom Arbeitsmarkt führt. Jetzt ist die Zeit, sich zu fragen: *Warum? Warum habe ich mehr Zeit und Mittel, als ich eigentlich brauche?* Zur rechten Zeit wird die Antwort deutlich werden. Und wenn Ihre Zeit schließlich abläuft, werden Sie in der Ewigkeit etwas vorzuweisen haben. Sie werden bei Gott etwas besitzen.

Die Gier besiegen

Diese einfache Wahrheit annehmen ist der Schlüssel zur Befreiung Ihres Herzens von der Gier.

Erinnern Sie sich, was Ihre Mutter Ihnen gesagt hat, als Sie zwei Kekse hatten und Ihre Schwester keinen? »Schnell, iss sie beide, bevor sie dir einen aus deinen gierigen kleinen Händen reißen kann!« Vermutlich nicht. Sie sagte: »Teile!« Was sagen wir unseren eigenen Kindern, Nichten und Neffen, wenn sie mehr haben, als sie brauchen, und ein Freund oder Geschwisterteil hat nichts? Wir sagen ihnen, sie sollen teilen. Jemandem zusehen, wie er in Gegenwart von jemandem, der keinen hat, zwei Kekse isst, kommt uns nicht gerecht vor, oder? Wir fühlen uns verpflichtet, etwas zu sagen oder zu tun. Vielleicht ist das der Grund, warum Jesus sagte: »Wenn jemand dich um etwas bittet, gib es ihm; wenn jemand etwas von dir borgen möchte, sag nicht nein« (Matthäus 5,42; GNB).

Stellen Sie sich vor, die Welt aus Gottes Sicht zu sehen. Stellen Sie sich vor, gleichzeitig alle auf der Welt sehen zu können, die zwei Kekse haben, und alle, die keinen haben. Sie würden wahrscheinlich etwas sagen. Sie würden allen sagen, sie sollen teilen. Wenn Gott *Sie* mit mehr gesegnet hat, als Sie brauchen, tat er das, damit Sie Ihren Überfluss mit denen teilen können, die bedürftig sind. Diese einfache Wahrheit annehmen ist der Schlüssel zur Befreiung Ihres Herzens von der Gier.

Schuld wird durch die Beichte besiegt.

Zorn wird durch Vergebung besiegt.

Gier wird durch *Großzügigkeit* besiegt.

Großzügiges Geben löst den Griff, mit dem die Gier Ihr Leben umklammert. Ob Sie nun also *denken*, Sie hätten Überfluss, oder nicht, geben Sie – und geben Sie großzügig. Sie müssen so viel geben, dass es Sie zwingt, Ihren Lebensstil anzupassen. Wenn Sie nicht bereit sind, so viel zu geben, dass es Auswirkungen auf Ihren Lebensstil hat, sind Sie laut Jesus gierig. Wenn Sie so viel konsumieren, dass Sie wenig oder nichts übrig haben, was Sie geben können, sind Sie gierig. Wenn Sie so viel konsumieren und sparen, dass wenig oder nichts bleibt, was Sie geben können, sind Sie gierig.

Ich weiß, das ist herb. Eigentlich ist es wirklich hart.

Aber es ist wahr.

Vielleicht ist es ein bisschen schwer zu schlucken für Sie, weil Sie nie in Ihrem Leben einen gierigen Gedanken hatten. Vielleicht haben Sie jedes Mal Mitgefühl, wenn Sie jemanden sehen, der bedürftig ist. Und in Ihrem Herzen wollen Sie wirklich helfen. Sie *wollen* geben, aber Sie können nicht. Oder Sie werden es nicht tun. Warum? Weil Sie Angst haben, dass Sie selbst nicht genug haben werden. Aber Ihr Herz schlägt ehrlich für die Bedürftigen. Ist es also fair zu sagen, Sie wären gierig? Ja. Denn Gier ist kein Gefühl; es ist eine Weigerung zu handeln.

Sie können Mitgefühl mit bedürftigen Menschen haben und so geizig sein wie Scrooge aus Charles Dickens' Weihnachtsgeschichte. Gier zeigt sich nicht dadurch, wie Sie fühlen, sondern dadurch, was Sie tun. Großzügige Gefühle und gute Vorsätze kompensieren kein gieriges Herz; vielmehr können gute Vorsätze und Gier unbegrenzt zusammen in Ihrem Herzen leben. Das ist es, was diesen heimlichen Feind zu solch einer Bedrohung für das Herz macht. Sie *spüren* ihn vielleicht nicht wie Zorn, Schuld oder sogar Neid. Aber er ist da. Er ist gefährlich. Und er kann zu totalem Verlust führen.

Eins nach dem anderen

Geben muss unseren Lebensstil beeinflussen, wenn es die Macht der Gier brechen soll.

Genauso, wie man nicht warten kann, bis man in Form ist, bevor man anfängt zu trainieren, dürfen Sie nicht darauf warten, bis Ihre Angst vor dem Geben weg ist, bevor Sie anfangen zu geben. Warten Sie nicht darauf, dass Gott Ihr Herz verändert, um mit dem Geben anzufangen. Geben ist der Weg, den Gott wählt, um unser Herz zu verändern. Wenn Ihr Herz sich ändert, werden Ihre Einstellung und Ihre Gefühle seinem Beispiel folgen. Gott liebt fröhliche Geber, aber er wird Ihr Geld einem guten Zweck zuführen, ob Sie fröhlich sind oder nicht. Mein Rat: Geben Sie, bis Sie fröhlich werden.

Wie ich bereits sagte, unser Geben muss unseren Lebensstil beeinflussen, wenn es die Macht der Gier brechen soll. Der beste Weg, das zu tun, ist ein *Prozentsatzgeber* zu werden. Prozentuales Geben bedeutet, einen Prozentsatz von allem, was man bekommt, zu geben, direkt von oben, sobald man es bekommt. Genauer gesagt, die erste Überweisung, die Sie vornehmen, nachdem Ihr Gehalt eingegangen ist, wäre eine Überweisung an eine oder mehrere Organisation(en), die die Arbeit an Gottes Reich unterstützen. So besitzen Sie etwas bei Gott. Zur Zeit des Neuen Testaments gab es keine solchen Organisationen; Gläubige gaben ihrem Anbetungsort und den Armen. Wir haben heute vielfältige Möglichkeiten. Wählen Sie eine oder zwei aus und fangen Sie an. Jetzt.

Diese Überweisung als Erstes zu machen, stellt sicher, dass Gottes Reich vor Ihrem finanziert wird. Sie werden zur Abwechslung von den Überbleibseln leben müssen. Wenn Ihnen das Angst macht, fangen Sie mit einem kleinen Prozentsatz an, sagen wir 2 Prozent. Sie werden gar nicht merken, dass es fehlt. Erhöhen Sie es jedes Jahr um einen Prozentpunkt, bis Sie mindestens 10 oder 12 Prozent Ihres Einkommens geben. In dieser Höhe zu geben ist ein Beweis für eine Umstellung des Lebensstils. Aber prozentuales Geben ist erst der Anfang.

Sie müssen auch spontane Geber sein. Wenn Sie jemanden in Not sehen, geben Sie. Ist das nicht das, was Sie von Gott erwarten, wenn Sie etwas brauchen? Dann machen Sie den ersten Schritt. Wenn Sie Überfluss haben und jemand ist bedürftig, dann teilen Sie. Dafür ist Ihr Überfluss da.

Diese zwei Gewohnheiten, prozentuales Geben und spontanes Geben, werden Sie vor dem Größere-Scheune-Syndrom bewahren. Der Tag wird kommen, an dem Sie einen unverhofften Gewinn erhalten werden, und Ihr erster Gedanke wird sein: *Wem kann ich helfen? Wel-*

ches Unternehmen für Gottes Reich kann ich unterstützen? In diesem Moment werden Sie wissen, dass Sie durch die Gewohnheit des großzügigen Gebens die Macht der Gier in Ihrem Leben gebrochen haben.

Es ist eine Gewohnheit, die alles verändert.

Es liegt nicht bei Ihnen

Bevor wir diese Passage abschließen, will ich etwas klarstellen: Geld haben ist nichts Schlechtes. Nicht zu wissen, warum Sie Geld haben, sorgt für Probleme. Ob es nun durch harte Arbeit kommt, durch guten Geschäftssinn, kluge Investitionen, als Familienerbe oder einfach nur durch Glück – was auch immer es ist, es gibt keinen Grund, sich schlecht zu fühlen, weil man viel Geld hat. Abgesehen davon ist es sowieso nicht wirklich Ihres.

Wenn wir alles hinter uns lassen, wenn wir sterben, dann ist eines mehr als deutlich: Wir sind keine Besitzer, wir sind Manager. Manche Menschen dürfen mehr managen als andere, aber niemand von uns ist Besitzer. Und als Manager gibt es nie einen Grund, sich schuldig zu fühlen für das, was uns zur Verwaltung gegeben wurde. Wir sollten uns nicht schuldig fühlen; wir sollten uns verantwortlich fühlen. Das erwarten Sie doch auch von Ihrem Finanzberater, oder? Verantwortungsgefühl?

Ein Freund von mir verwaltet einen Teil meiner Altersvorsorge. Ich kenne ihn, seit er in der sechsten Klasse war. Ich war sein Jugendpastor. Ich habe seine Trauung vorgenommen. Wir sind eng befreundet. Folglich fühlt er sich sehr verantwortlich für mein Geld, und das hat er mir mehrfach gesagt. Aber er hat mir nie gesagt, dass er sich schuldig fühlt. Warum auch? Ich bin derjenige, der ihn darum gebeten hat, es zu verwalten. Es gibt keinen Grund, sich schuldig zu fühlen, wenn man die Finanzen betreut, die einem anvertraut wurden.

Die Wahrheit ist, alles gehört Gott. König David war das bewusst. Schon für König *Irgendwer* ist es unüblich anzuerkennen, dass Gott alles gehört. Doch zu Davids Zeit war es sogar allgemein anerkannt, dass der König alles und jeden in seinem Reich besaß. Aber David wusste es besser. Er sagte:

> Dein, Herr, sind Größe, Macht, Herrlichkeit, Ruhm und Hoheit. Alles im Himmel und auf der Erde gehört dir; dein ist das Reich, Herr. Wir beten dich an als den Herrn über alles. (1. Chronik 29,11; NLB)

Meiner Erfahrung nach sind die Leute, die nicht mit Gottes universeller Eigentümerschaft zurechtkommen, diejenigen, die sich schuldig fühlen wegen dem, was sie haben. Manager fühlen sich nicht schuldig. Das andere, was ich bemerkt habe, ist, dass Menschen, die sich schuldig fühlen für das, was sie haben, selten verantwortlich damit umgehen. Warum? Weil sie glauben, dass es an ihnen liegt, damit zu tun, was ihnen gefällt.

Wenn Sie sich mit einem Finanzplaner oder Vermögensverwalter zusammensetzen, ist eine der ersten Fragen, die er Ihnen stellt: »Was sind Ihre Ziele?« Warum? Weil er mit *Ihrem* Geld arbeitet. Die Ziele des Finanzfachmanns sind in diesem Moment irrelevant – Sie reden nicht über *sein* Geld. Ein guter Finanzverwalter wird Ihr Geld mit Ihren Zielen im Hinterkopf verwalten, nicht mit seinen eigenen. Wenn Ihr Finanzplaner einen Scheck von Ihnen bekommen würde ohne Anweisungen dazu, was wäre die angemessene Reaktion für ihn? Einkaufen gehen? Natürlich nicht. Ein guter Finanzplaner würde Sie anrufen und fragen: »Was soll ich mit dieser Anlage tun? Es ist schließlich Ihr Geld.«

Finden Sie sich mit dem Gedanken ab, dass Sie wirklich nur der Manager des Vermögens eines anderen sind. Mit dieser Erkenntnis geht eine Freiheit einher, die »Besitzer« nie erleben. Sie werden frei sein von der Verlustangst in diesem Leben – und sich mehr Gedanken darüber machen, den totalen Verlust im Leben, das noch vor uns liegt, zu vermeiden.

Kapitel 16

Der unglaubliche unstillbare Appetit

Morbius: *Ihr habt mich auf ewig in der Hölle eingesperrt. Wenn das alles ist, will ich lieber jetzt sterben ... Ich, Morbius, der einst den Hohen Rat der Time-Lords geleitet habe, reduziert auf – auf diesen Zustand, in dem ich eine Pflanze beneide.* Doctor Who (1963)

You can't always get what you want. Mick Jagger

Zeit für einen kurzen Rückblick.

Jeder der vier Angreifer des Herzens wird durch den Gedanken angetrieben, dass jemand jemandem etwas schuldet. Und es ist diese Schulddynamik, die jedem dieser Monster seine Macht gibt. Egal, wer wem was schuldet, solange jemand an einer Schuld festhält, wird es Spannungen in einer Beziehung geben.

Die Schuld sagt: »Ich schulde Ihnen etwas«, also ist die Lösung die Beichte. Zorn wird von dem Gedanken angetrieben, dass Sie mir etwas schulden, also wird diese Schuld durch Vergebung behoben. Gier wird durch die Annahme am Leben erhalten, dass ich mir etwas schuldig bin – eine verdrehte Denkart, die durch großzügiges Geben geheilt wird. Die vierte dieser heimtückischen Bedrohungen ist ähnlich.

Der Neid sagt: »*Gott* schuldet mir etwas.«

Von Anbeginn der Zeit an spielte Neid eine besondere Rolle in der Geschichte menschlicher Beziehungen. Kain war neidisch auf Abel. Esau war neidisch auf Jakob. Josefs Brüder waren neidisch auf die Beziehung ihres jüngeren Bruders zu Papa. Commodus war neidisch auf Maximus und seine Beziehung zu Commodus' Vater, dem römischen Kaiser. Woody aus dem Zeichentrickfilm *Toy Story* fühlte sich durch Buzz ersetzt.

Wenn wir an Neid denken, denken wir oft an Dinge, die andere haben und wir nicht – gutes Aussehen, Talent, Gesundheit, Größe, Geld, Beziehungen und so weiter. Und wir denken, wir haben ein Problem mit der Person, die das besitzt, was uns fehlt. Aber wie wir bereits sagten, Gott hätte das alles in Ordnung bringen können. Was immer er Ihrem Nachbarn gegeben hat, er hätte beschließen können, es auch Ihnen zu geben. Fazit: Wenn Gott sich um Sie gekümmert hätte, wie er es bei ein paar Leuten getan hat, die Sie kennen, würden Sie viel besser dastehen, sowohl was die Beziehungen angeht als auch beruflich und finanziell.

Ihr wirkliches Problem beruht nicht auf den Leuten, deren Besitz Sie gern hätten; es beruht auf Ihrem Schöpfer. Gott schuldet Ihnen etwas, und Sie grollen ihm. Und solange Sie sich dieser einfachen, aber ach so überzeugenden Wahrheit nicht stellen, wird der Neid weiterhin Ihr Leben terrorisieren und verheerenden Schaden in Ihren Beziehungen anrichten.

Die gute Nachricht ist: Dieses Untier hat, genau wie die anderen drei, eine Schwachstelle. Und es ist etwas, was Sie vielleicht nicht erwarten.

Aber bevor ich Ihnen die Lösung präsentiere, würde ich mir gerne ein paar Seiten Zeit nehmen, um das Problem zu sezieren. Warum? Weil die treibende Kraft hinter dem Neid eigentlich die treibende Kraft hinter jedem einzelnen Beziehungskampf ist, dem Sie im Lauf Ihres Lebens begegnen werden. Hinter jedem einzelnen. Von Eheproblemen bis hin zu Personalproblemen im Büro, jedes einzelne kann auf ein gemeinsames Problem reduziert werden. Tatsächlich umfasst und erklärt dieses Problem ebenfalls die Beziehungsrisse, die durch Schuld, Zorn und Gier verursacht werden. Wenn Sie diese eine Dynamik verstehen, werden Sie davon befreit sein, alles und jeden für wenig attraktive Verhaltensweisen die Schuld geben zu müssen, die ihre Quelle – Sie haben es erraten – in Ihrem Herzen haben.

Der Blick unter die Oberfläche

Die Vorstellung, dass jeder Beziehungskonflikt auf ein einziges grundlegendes Problem zurückgeführt werden kann, mag Ihnen als ein extremer Fall von starker Vereinfachung erscheinen. Aber wenn Sie mir über die nächsten paar Seiten folgen, denke ich, Sie werden mir zustimmen. Übrigens stammt dieser Gedanke nicht von mir. Soweit ich es beurteilen kann, stammt er von einem Typ namens Jakobus, der einen Bestseller schrieb und dessen Halbbruder sich als der Retter der Welt herausstellte. Ziemlich gute Referenzen.

Jedenfalls stellt er uns im vierten Kapitel seines Buches, das kreativerweise *Jakobus* heißt, eine Frage, die so offen erscheint, dass sie unmöglich nur eine Antwort haben kann: »Woher kommen denn die Kämpfe und Streitigkeiten zwischen euch?« (Jakobus 4,1; GNB).

Wo auch immer Sie arbeiten, welcher Kirche auch immer Sie angehören, in welcher gestörten Familie Sie auch aufgewachsen sein mögen, die Antwort auf diese Frage würde so verschiedenartig scheinen wie die Kämpfe und Streitigkeiten selbst. Ich bin versucht zu fragen: »Welche Streitigkeiten meinst du?« Meinungsverschiedenheiten und Streit werden durch alle Arten von Umständen ausgelöst, oder nicht?

Jakobus sah das anders.

Er lässt die nebensächlichen Er-sagt-/sie-sagt-Entschuldigungen weg und kommt direkt zum Kern der Sache – den gemeinsamen Nenner für jede Beziehungsstreitigkeit, die Sie oder ich je haben werden: »Woher kommen denn die Kämpfe und Streitigkeiten zwischen euch? Doch nur aus den Leidenschaften, die ständig in eurem Innern toben!«

Jakobus schien zu glauben, dass unsere äußeren Konflikte das direkte Ergebnis eines inneren Konflikts sind, der sich an die Oberfläche gearbeitet hat. Das Wort »Leidenschaften« bedeutet hier Genusssucht. Tatsächlich wird dieses griechische Wort später in dieser Passage mit »Genusssucht« übersetzt. Jakobus glaubte, dass, wenn Sie oder ich uns in einem Streit wiederfinden, das daran liegt, weil ein Kampf in mir auf Sie übergeschwappt ist oder umgekehrt. Laut Jakobus rumoren widersprüchliche Leidenschaften in mir, und wenn Sie mich zu hart anstoßen, schwappt das, was im Inneren ist, heraus und über Sie.

Ist es nicht interessant, dass die Menschen, die wir am meisten verletzen, diejenigen sind, von denen wir behaupten, dass wir sie am meisten lieben? Die Menschen, die uns geboren haben, uns aufgezogen haben, Ehegelübde mit uns abgelegt haben – warum ausgerechnet sie? Jakobus würde sagen, das sei einfach: Sie sind in unmittelbarer Nähe. Wenn ich den Konflikt, der in mir tobt, nicht länger zurückhalten kann, schwappt er auf diejenigen über, die mir am nächsten stehen, selbst wenn sie unbeteiligte Zuschauer sind.

Tatsache ist, dass der gemeinsame Nenner in all meinen Beziehungskonflikten ICH bin. Der gemeinsame Nenner in all Ihren Beziehungskonflikten sind SIE.

Man kann nicht immer haben, was man will

Was ist es also, das diesen inneren Kampf auslöst, der den Frieden jeder Familie und jedes Büros bedroht und jede unserer Beziehungen? Jakobus rückt direkt damit heraus und behauptet einfach:

> Ihr verzehrt euch nach etwas, was ihr gerne hättet.

Da ist sie. Die Quelle jedes Konfliktes, den Sie und ich je haben werden.

Wir bekommen nicht, was wir wollen. Wir bekommen unseren Willen nicht.

Der Begriff »wollen« wird hier mit *sich verzehren* ausgedrückt, also *sich sehnen, sehr wünschen*. Wenn Sie Kinder haben, wissen Sie, wovon Jakobus spricht. Wenn Sie Ihre Kinder streiten hören, wissen Sie instinktiv, dass das wirkliche Problem nicht das Spielzeug oder die DVD ist oder die Frage, wer wo sitzen darf; das wahre Problem ist, dass zwei Menschen ihren Willen durchsetzen wollen und einer nicht bekommt, was er oder sie will.

Jakobus behauptet, dass dasselbe für jeden Erwachsenenkonflikt gilt. Und was tun wir? Wir tun, was immer nötig ist, um zu bekommen, was wir wollen ...

> Ihr verzehrt euch nach etwas, was ihr gerne hättet. Ihr mordet und seid eifersüchtig, aber das bringt euch dem ersehnten Ziel nicht näher. (Jakobus 4,2; GNB)

Der Begriff »morden« mag in diesem Vers eine Übertreibung sein, aber seien wir ehrlich, die meisten Morde, von denen wir lesen, werden von jemandem verübt, der etwas wollte. Noch treffender, die meisten Mörder hatten eine Art von persönlicher Beziehung zu ihrem Opfer. Ermittler beginnen ihre Ermittlungen immer bei der Familie und sogenannten Freunden. Denken Sie darüber nach: Wenn Sie je wütend genug waren, um jemandem wehzutun, war das, weil diese Person Ihnen oder jemandem, den Sie lieben, nicht gab, was Ihnen, ihm oder ihr rechtmäßig zustand. Sie bekamen nicht, was Sie wollten.

Jakobus benutzt in diesem Abschnitt einen weiteren interessanten Begriff: »eifersüchtig sein«. Der Begriff bedeutet, wie er hier gemeint ist, *etwas verfolgen, nach etwas trachten*. Man muss sich jemanden vorstellen, der ständig versucht, ein Bedürfnis zu stillen, das nie gestillt zu werden scheint. Aber letztendlich »bringt euch [das] dem ersehnten Ziel nicht näher«.

Wie kann Jakobus das sagen? Manchmal bekomme ich genau das, was ich will ... Oder? Eigentlich nicht.

Jakobus schaut unter die Oberfläche auf die *Leidenschaften*, die ständig in unseren Herzen herumwirbeln – Sehnsüchte, die nie ganz und endgültig gestillt werden. Wie mein Appetit auf Essen. Ich fühle mich nach einer Mahlzeit vielleicht satt, aber drei Stunden später stehe ich wieder vor dem Kühlschrank. Warum? Weil mein Appetit von Natur aus nie vollständig und endgültig gestillt ist; er wird nur vorübergehend bezwungen. Egal, wie voll ich mich nach einer Mahlzeit fühle, ich gebe das Essen nicht auf.

Die Leidenschaften, auf die sich Jakobus in diesem Abschnitt bezieht, verkörpern unstillbaren Hunger – unseren Hunger nach Besitz, Geld, Anerkennung, Erfolg, Fortschritt, Intimität, Sex, Spaß, Beziehung, Partnerschaft. Wir bekommen nie genug von irgendeinem dieser Dinge, um unser Verlangen vollkommen und endgültig zu stillen. Tatsächlich ist es so, wie C. S. Lewis in *Pardon, ich bin Christ* aufzeigt: Je mehr Nahrung man einer Begierde gibt, desto mehr steigert sich ihre Intensität: »Jeder weiß, dass die [...] Begierde [...] mit ihrer Befriedigung zunimmt. Der Hungrige träumt von gedeckten Tischen, aber ein Vielfraß tut dasselbe.«

Menschen mit Macht wollen mehr Macht. Reiche Menschen wollen mehr Geld. Männer und Frauen, die von einem Partner zum nächsten springen, sind mit keinem von ihnen vollkommen zufrieden. Der Punkt ist, wir werden mit unseren Wünschen und Leidenschaften nicht am besten fertig, indem wir ständig versuchen, sie zu befriedigen.

Die Sinnlosigkeit von Vorwürfen

Solange ich meinen eigenen Anteil am Problem nicht anerkennen kann, werde ich immer die Tendenz haben, dem anderen die Schuld zu geben.

Sie können selbst sehen: Was unsere Konflikte antreibt, sind unsere endlosen, fruchtlosen Versuche, unsere Wünsche zu befriedigen. Stimmt es nicht, dass jeder Beziehungskonflikt, den Sie je erlebt haben, darauf reduziert werden kann, dass der andere versucht hat, eine innere Leidenschaft auf eine Art zu befriedigen, die mit dem kollidierte, wie Sie geplant hatten, Ihre eigenen zu befriedigen? Und so kämpfen und streiten wir.

Als ich zum ersten Mal über die Bedeutung dieses Abschnitts im Jakobusbrief nachdachte, versuchte ich, sie in mein Repertoire an Erziehungstechniken einzuarbeiten. Wenn ich jetzt meine Kinder streiten höre, lasse ich, statt herauszufinden zu versuchen, wer was getan hat, zuerst alle Beteiligten Folgendes wiederholen: »Weißt du, was das Problem hierbei ist? Ich bekomme nicht, was ich will.«

Meine Kinder hassen es. Aber es geschieht etwas sehr Interessantes: Der Energiepegel und die Lautstärke sinken auf der Stelle um ungefähr die Hälfte. Meistens schaffen es die Kinder, die Situation zu klären, nachdem jedes die Verantwortung dafür übernommen hat, was wirklich los ist. Und in den Fällen, wo ich weiter bohren muss, stelle ich fest, dass es fast keine Verteidigung gibt. Sie beginnen zu lernen.

Das Problem bei jedem Streit ist, dass wir alle unseren Willen durchsetzen wollen. Das anzuerkennen ändert einiges. Wenn ein Beteiligter es anerkennt, verpufft das Problem normalerweise. Jakobus war doch ziemlich clever.

Solange ich meinen eigenen Anteil am Problem nicht anerkennen kann, werde ich immer die Tendenz haben, dem anderen die Schuld zu geben. Und Vorwürfe haben noch kein Problem gelöst. Ich habe nie mit einem Ehemann oder einer Ehefrau gesprochen, die ständige Vorwürfe als Quelle ihres ehelichen Glücks angaben. Vorwürfe fördern das Problem nur, aber solange ich nicht innehalten und die Tatsache anerkennen kann, dass mein wirkliches Problem ist, dass ich nicht bekomme, was ich will, kann ich nur zu Vorwürfen Zuflucht nehmen.

Wissen Sie, was Vorwürfe sind? Sie sind ein Zugeständnis, dass ich ohne jemandes Mitwirkung nicht glücklich sein kann. Vorwürfe machen bedeutet, Abhängigkeit zuzugeben: Wenn du dich nicht auf eine bestimmte Art verhältst, kann ich nicht zufrieden oder glücklich sein. Wenn Sie das auf die logische Spitze treiben, können Sie niemals glücklich sein, solange Sie nicht die Aktionen und Reaktionen von allen, mit denen Sie in Kontakt kommen, kontrollieren können – eingeschlossen alle auf Ihrer Spur und auf beiden benachbarten Spuren auf der Autobahn. Und wenn das der Fall ist, gibt es keine Hoffnung!

Solange wir nicht bereit sind, diese Wahrheit in vollem Umfang anzunehmen, die Jakobus so deutlich für uns ausspricht, haben wir keine Wahl, als zu versuchen, unser Glück und unsere Zufriedenheit aus den Leuten um uns herum herauszuquetschen. Das Problem ist, dass *sie* versuchen, ihres aus *uns* herauszuquetschen. Am Ende ersticken alle. Und wir gehen in der Überzeugung fort, dass das Problem jemand anderes ist. Wir gehen davon auf der Suche nach jemand anderem, der uns ausfüllen kann, wir halten nie lange genug inne, um herauszufinden, was wir eigentlich wirklich wollen.

Was ist also die Lösung?

Die Lösung

Wenn es Ihnen wichtig ist, ist es auch Gott wichtig. Denn Sie sind Gott wichtig.

Was tut man mit Wünschen und Verlangen, die nie ganz und endgültig befriedigt werden können? Jakobus sagt, wir sollen sie zu demjenigen bringen, der sie überhaupt erst geschaffen hat. Das ist doch mal ein Gedanke.

Jakobus schreibt: »Ihr bekommt trotzdem nicht, was ihr wollt, weil ihr Gott nicht darum bittet« (Vers 2; GNB). Anders ausgedrückt: Wir bekommen nicht, was wir wollen, weil wir den Falschen fragen. Statt die Menschen, die wir am meisten lieben, mit Wünschen zu belasten, für deren Erfüllung sie gar nicht gemacht sind, weist Jakobus uns an, sie unserem himmlischen Vater zu bringen. Es ist, als würde Gott sagen: »Übrigens, das alles hätte vermieden werden können, wenn ihr zuerst zu mir gekommen wärt, statt zu versuchen, das, was ihr auch immer zu brauchen meint, aus den Menschen um euch herum herauszuquetschen.«

Denken Sie einmal aus diesem Blickwinkel darüber nach. Wer hat Ihre Gelüste geschaffen, die nie voll und endgültig befriedigt werden? Ihre Schwester? Ihr Ehepartner? Ihr Chef? Ihr Nachbar? Warum sollten Sie also von diesen nur menschlichen Wesen erwarten, diese Verlangen zu befriedigen? Jakobus sagt, wir sollen sie Gott bringen.

Fast jedes Mal, wenn ich das jemandem vorschlage, bekomme ich dieselbe Antwort: »Das habe ich doch schon getan!« Normalerweise stelle ich dann fest, dass »Das habe ich schon getan!« bedeutet: »Ich habe darüber gebetet.« Und »Ich habe darüber gebetet« bedeutet normalerweise: »Ich habe gebetet, dass Gott das Herz von ________________________ verändern möge, der mir nicht gibt, was ich zu verdienen glaube.«

Das ist nicht, was Jakobus meint. Er schlägt etwas weit Machtvolleres vor, als Gott zu bitten, jemand anderen zu ändern, damit wir unseren Willen bekommen. Jakobus leitet uns an, unsere tiefsten Verlangen und unbefriedigten Bedürfnisse zum Vater zu bringen. Er gibt uns die Erlaubnis, unser Herz in einem ungefilterten Gespräch mit unserem Schöpfer auszuschütten.

Petrus wiederholt dieses Gefühl, wenn er schreibt: »Alle eure Sorgen werft auf ihn, denn er sorgt für euch« (1. Petrus 5,7; GNB). Im Griechischen bedeutet das Wort, das hier mit »alle« übersetzt ist, *alle*. Wie *jede*. Das bedeutet, Sie sind eingeladen, jeden Frust und alle Ängste Gott zu bringen. Nichts ist zu groß, nichts ist zu klein. Bringen Sie einfach alles. Das bedeutet, dass Sie Ihre Gebete nicht mit »Ich weiß, ich sollte nicht so empfinden, aber ...« anfangen müssen oder mit »Ich weiß, das klingt jetzt kleinlich, aber ...« oder »Ich weiß, ich sollte reifer sein, aber ...« oder, mein absoluter Favorit, mit »Ich weiß, verglichen mit dem großen Ganzen ist das wirklich klein, aber ...«. Nichts davon ist notwendig. Und ich sage Ihnen, warum: Wenn es Ihnen wichtig ist, ist es auch Gott wichtig. Denn Sie sind Gott wichtig.

Jedes Anliegen, groß oder klein, ist für den Vater von Bedeutung, denn Sie sind für ihn von Bedeutung. Ob es Ihr Liebesleben betrifft, Ihren Beruf, Ihre Ehe, Ihre Eltern, Ihre Kinder, Ihre Finanzen, Ihre Ausbildung, Ihr Aussehen, bringen Sie es ihm. Und bringen Sie es ihm immer wieder, bis Sie den Frieden finden, sich von den Knien zu erheben und zuversichtlich in dem Wissen in den Tag zu gehen, dass er sich um Sie kümmert.

Wenn Sie ihm einmal bekannt haben, dass Ihr Grundproblem ist, dass Sie Ihren Willen nicht bekommen, und wenn Sie Ihre Wünsche und Befürchtungen einmal uneingeschränkt bei ihm abgeladen haben, werden Sie es viel leichter finden, mit den Menschen in Ihrem Leben klarzukommen. Egal, ob sie Ihnen die Anerkennung, Liebe oder das Vertrauen schenken, die Sie verdienen, Sie werden Frieden finden – weil Sie sich nicht mehr auf diese Leute verlassen, damit sie ein Bedürfnis stillen, das nur Gott stillen kann.

Das Kleingedruckte

Als ich in der Highschool war, wettete ein Typ, dass ich es nicht schaffen würde, den kompletten Jakobusbrief auswendig zu lernen. Es ging bei der Geschichte um mehr als das, aber das Fazit ist, dass ich mir das ganze Buch eingeprägt habe. Soll ich es aufsagen? Nein? Okay.

Jedenfalls war mein Lieblingsvers im Jakobusbrief der, den wir eben gelesen haben: »Ihr bekommt [...] nicht, was ihr wollt, weil ihr Gott nicht darum bittet.« Damals ging es mir nur ums »Haben«. Der Vers, den ich im Jakobusbrief am wenigsten mochte, war der, der darauf folgt. In meiner Denkweise als Heranwachsender ließ er Gott eine Hintertür offen. Eigentlich lässt er Gott *tatsächlich* eine Hintertür offen, aber jetzt sehe ich das als etwas Gutes. Folgendes schrieb Jakobus als Nächstes (und ich schreibe das aus dem Gedächtnis):

> Und wenn ihr ihn bittet, bekommt ihr es nicht, weil ihr nur in der Absicht bittet, eure unersättliche Genusssucht zu befriedigen (Jakobus 4,3).

Das nimmt dem Ganzen natürlich den Spaß.

Jakobus sagt uns, wir sollen all unsere Wünsche vor Gott bringen, aber dann sagt er uns, dass Gott Nein sagen könnte. Das war für mich als Sechzehnjähriger eine echte Enttäuschung. Aber wenn Gott mir alles (und jeden) gegeben hätte, worum ich bat – in Bezug aufs Erste wäre ich jeden Tag mit einem 911er Porsche zur Schule gefahren –, hätte mein Leben zweifellos innerhalb von ein paar Jahren oder vielleicht sogar Monaten in Scherben gelegen. Ich bin sicher, es gibt ein paar Dinge, um die Sie Gott gebeten haben, bei denen Sie im Nachhinein froh sind, dass er sie Ihnen nicht gegeben hat. Und zwar, weil Ihre Wünsche Sie ruiniert hätten.

Tatsache ist, dass Gott Sie zu sehr liebt, um Ihnen alles zu geben, worum Sie bitten. Er liebt die Menschen um Sie herum zu sehr, um Ihnen alles zu geben, worum Sie bitten. Aber – und das dürfen Sie nicht übersehen – *er will trotzdem, dass Sie fragen.* Er will trotzdem, dass Sie ihm alles bringen.

Warum? Wenn es keine Garantie gibt, wozu soll es dann gut sein?

Gott will, dass Sie wissen, dass er die Quelle aller guten Dinge ist. Und wenn er Nein sagt, will er, dass Sie ihm vertrauen. Eigentlich wäre es leichter, wenn Gott wirklich auftauchen und Nein sagen würde. Stattdessen ändern sich die Dinge einfach nicht: Der Porsche erschien nie in der Einfahrt, niemand bot mir einen Plattenvertrag an, und meine Lendenwirbelsäule macht mir immer noch Ärger. Wie ein Vater, der sich weigert, den Partylebensstil seiner studierenden Tochter zu finanzieren, und sie für ein Semester nach Hause holt, wird Gott unsere selbstzerstörerische Suche nach Sinn, wenn wir ihn nicht bei ihm selbst suchen, nicht finanzieren. Er ist die Quelle aller *guten* Dinge, nicht aller *erwünschten* Dinge. Aber er will trotzdem, dass wir ihn bitten, uns auf ihn stützen, uns auf ihn verlassen, ihn anrufen. Und er will, dass wir lernen, ein Nein zu akzeptieren, statt die Dinge selbst in die Hand zu nehmen. Das ist nicht immer leicht, aber es ist die beste Alternative.

Das gute und vollkommene Geschenk

Jakobus hatte noch etwas zu diesem Thema zu sagen:

> Alles, was gut und vollkommen ist, wird uns von oben geschenkt, von Gott, der alle Lichter des Himmels erschuf. Anders als sie ändert er sich nicht, noch wechselt er zwischen Licht und Finsternis. (Jakobus 1,17; NLB)

Alles Gute, das uns begegnet, kommt von unserem himmlischen Vater – was umso mehr ein Grund ist, unsere unerfüllten Bedürfnisse, unsere Herzenswünsche und selbst unsere peinlichen Bedürfnisse und Wünsche zu ihm zu bringen.

Letzten Endes hatte Mick Jagger recht: *You can't always get what you want*, man bekommt nicht immer, was man will. Niemand bekommt das. Es ist nicht möglich. Unsere Gelüste können nie vollkommen und endgültig befriedigt werden. Die Frage lautet: Werden Sie trotzdem weiterhin versuchen, Ihre Wünsche zu befriedigen, indem Sie sie den Menschen um sich herum abringen? Oder werden Sie sie Ihrem Vater im Himmel bringen und sie dort lassen? Das sind Ihre einzigen Alternativen. Eine führt zu Frieden, die andere zu endloser Frustration.

Kapitel 17

Die Rückkehr des grünäugigen Monsters

Neid ist die Kunst, die Segnungen anderer Leute zu zählen statt die eigenen.

Harold Coffin

Lieutenant Ray Makonnen: *Wissen Sie, Captain, jedes Jahr meines Lebens bin ich mehr davon überzeugt, dass es das Weiseste und Beste ist, unsere Aufmerksamkeit auf das Gute und Schöne zu richten. Wenn man sich nur die Zeit nimmt, es anzusehen.*

The Phantom Planet (1961)

Es ist leichter für mich, meinen Zorn einzugestehen als meinen Neid. Neid kommt einem immer so kleinlich vor. Ich kann Beweismaterial für meinen Zorn zusammentragen, aber sobald ich meinen Mund öffne, um über meine Neidgefühle zu sprechen, klinge ich irgendwie wie ein Zwölfjähriger. Also spreche ich nicht darüber. Aber ich spüre den Neid. Ich spüre ihn, wenn ich sehe, wessen Bücher vor meinen zu Bestsellern wurden. Ich spüre ihn, wenn ich jemand anderen eine unglaublich gute Predigt halten höre. Ich spüre ihn, wenn ich einen Typen in meinem Alter sehe, mit dem ganzen Kopf voll dichtem Haar. Ich spüre ihn, wenn ich mit meinem ärmellosen T-Shirt am Strand entlanggehe und einen Typ mit freiem Oberkörper sehe, der sich nicht zu verstecken braucht. Es gibt noch ein paar andere Dinge, die Neid in mir erregen, aber das war jetzt genug Selbstentblößung für ein Kapitel.

Das mag jetzt alles harmlos klingen, ist es aber nicht.

Neid ist gefährlich. Er ist gefährlich, weil er unsere Haltung anderen Menschen gegenüber prägt. Es ist schwer, jemanden aktiv zu lieben, auf den man neidisch ist. Es ist hart, mit jemandem zu arbeiten (oder sich ihm unterzuordnen), der einen ständig daran erinnert, was man selbst nicht ist. Irgendwann übernimmt der Neid die Kontrolle über unsere Haltung gegenüber Leuten, die nichts weiter getan haben, als uns in einem Rennen zu überholen, dessen sie sich nicht einmal bewusst sind. Sie haben sich auf einem Gebiet hervorgetan, das wir für wichtig halten, und wir hassen sie dafür. Na gut, vielleicht hassen wir sie nicht. Wir mögen nur ihre Gesellschaft nicht. Nicht sehr.

Ohne dass wir wirklich etwas dafür tun, wird Neid zu Ressentiments. Aber Ressentiments brauchen eine Rechtfertigung, also suchen wir, bis wir eine finden. Wenn wir sie gefunden haben, sind wir auf der sicheren Seite – es ist nicht notwendig, unsere Gefühle zu überwinden, weil wir wissen, dass sie vollkommen gerechtfertigt sind. Und wenn der Neid erst einmal zu Ressentiments wird, kennt unser Neid keine Grenzen. Er hat die Kraft, unsere Haltung gegenüber ganzen Kategorien von Menschen bitter werden zu lassen. Reiche Leute, Supermodels, Bodybuilder, Pastoren von Riesengemeinden, Mütter, die zu Hause bleiben, Karrierefrauen, Damen mit tollem Haar – es ist plötzlich leicht, ganze Schwaden der Menschheit abzuschreiben.

Auf wen sind Sie neidisch? Niemand, sagen Sie? Vielleicht.

Was ist mit Ressentiments? Ich stelle Ihnen eine Frage, die ein wenig von ehemals unentdecktem Neid ans Licht bringen wird.

Gegen welche Kategorie von Menschen haben Sie heimliche Ressentiments?

Graben Sie mal ein wenig herum. Wer bringt Sie wirklich auf die Palme? Experten? Künstler? Führungskräfte? Verheiratete? Singles? Kinder? Rentner? Schauen Sie tiefer und Sie werden entdecken, dass Ihre Ressentiments mit all ihren hohlen Rechtfertigungen in Wirklichkeit getarnter Neid sind. Und aller Wahrscheinlichkeit nach werden Sie feststellen, dass dieser Neid mit einem Vorfall mit einer Person irgendwann in Ihrer Vergangenheit begann.

Die Zusammenhänge sehen

Das Herz von Neid zu befreien, beginnt mit einem langen, harten Blick in den Spiegel, nicht über die Straße oder über den Mittelgang.

Graben Sie weiter unter der Oberfläche und Sie werden entdecken, dass Ihr Neid nur eine Erscheinungsform dessen ist, dass Sie nicht bekommen, was Sie wollen. Was die ganze Sache verkompliziert, ist die Tatsache, dass Ihre Unzufriedenheit von denen widergespiegelt wird, die um Sie herum sind. Aber diese Menschen sind genauso wenig die Wurzel Ihres Problems, wie der Mond die Quelle des Lichts ist – sie reflektieren nur, was seinen Ursprung in Ihrem Herzen hat.

Das Herz von Neid zu befreien, beginnt mit dieser Erkenntnis: *Der Grund, warum ich ihr grolle, hat nichts mit ihr zu tun. Das Problem ist, dass ich nicht bekomme, was ich will.*

Das Herz von Neid zu befreien, beginnt mit einem langen, harten Blick in den Spiegel, nicht über die Straße oder über den Mittelgang. Unsere Emotion auf jemand anderen zu konzentrieren, facht die Flamme des Neides an; uns auf unser eigenes Herz zu konzentrieren, beginnt den Prozess, sie zu ersticken.

Wenn Sie das Problem erst einmal eingekreist haben, ist der Rest simpel. Nicht leicht, aber simpel. Sie nehmen Ihr altes Auto, Ihr kleines Haus, Ihren gebrauchten Esszimmertisch, Ihren Ein-Meter-Taillenumfang, Ihren Fünfundvierzig-Zentimeter-Fernseher, Ihr fusseliges Haar, Ihren Beruf ohne Zukunft, Ihre schlechte Gesundheit und Ihren weniger brillanten Schulabschluss und bringen sie dem Einzigen, der etwas dagegen tun kann. Und wenn Sie es alles auf einen großen Haufen der Unzufriedenheit angesammelt haben, müssen Sie ihm Ihr Herz ausschütten. All Ihren Frust. All Ihre Unzufriedenheit. Sagen Sie Gott, dass Sie wissen, *dass er es bei Ihnen hätte besser machen können.* Das ist ein anderer Ausdruck für: »Du hättest mich besser versorgen können, mir bessere Möglichkeiten geben können, und wenn du schon dabei warst, hättest du auch ein paar meiner Körperteile verbessern können.«

Machen Sie weiter und erzählen Sie ihm, wie unglücklich Sie schon die ganze Zeit damit sind, wie er Sie gemacht und behandelt hat. Er kann damit umgehen. Denn Sie haben recht – er hätte all das tun können. Schließlich hat er es bei Ihrer Schwester und Ihrem Schwager auch getan. Zum Kuckuck, schauen Sie sich doch mal an, was er den Heiden erlaubt zu besitzen, zu fahren und wie sie aussehen dürfen.

Dann fassen Sie es auf diese Art zusammen: »Herr, um es zusammenzufassen: Ich finde, du schuldest mir etwas.«

Wenn Sie das jetzt ein wenig beängstigend finden, Gott in die Augen zu schauen und ihm vorzuwerfen, dass er Ihnen etwas schuldet, stehen Sie kurz vor einem Durchbruch. Wenn Sie wirklich glauben, er habe Sie schlecht behandelt und schulde Ihnen *tatsächlich* etwas, dann schlage ich vor, dass Sie das Neue Testament noch einmal lesen. Jesus, und mit ihm eine Menge anderer, macht ziemlich deutlich, dass wir erledigt waren, hoffnungslos von Gott getrennt. Aber Gott war gnädig und gab uns genau das, was wir *nicht* verdienten: Vergebung. Der Preis? Sein Sohn. Die Wahrheit ist, wir hatten bei Gott Schulden, die wir nicht zurückzahlen konnten – also bezahlte er sie und löschte damit für immer die Möglichkeit aus, dass er uns je etwas schuldig sein könnte.

Unsere Enttäuschung darüber, nicht zu bekommen, was wir wollen oder zu verdienen glauben, verblasst neben der Tatsache, dass uns gegeben wurde, was wir am meisten *nötig hatten*. Im Schatten des Kreuzes ist es deutlich: Gott schuldet uns gar nichts. Wir schulden ihm *alles*. Inklusive einer Entschuldigung.

Und eine Entschuldigung dafür, dass wir ihm eine Schuld vorgehalten haben, die er uns gar nicht schuldig ist – eine Schuld, die wir ihm vorhielten, was wir aber in der Verwirrung und dem Wirbelsturm der Emotionen, die Neid begleiten, nicht erkannten.

Zur Wurzel gehen

Im Herzen des Neids liegt die Lüge, dass Gott uns etwas schuldet. Uns vom Neid zu befreien erfordert, dass wir uns diesem gefährlichen Gedanken stellen und ihn vertreiben. Wenn wir das getan haben, können wir uns frei und ungehindert in seine Richtung bewegen.

Gottes bedingungslose Annahme und Gnade sind der Grund, warum wir all unsere Enttäuschung und Unzufriedenheit dreist vor ihn bringen dürfen. Noch einmal: Nichts ist zu klein – wir müssen nichts einschränken oder erklären und uns schuldig fühlen, weil wir fühlen, was wir fühlen. Der Schreiber des Hebräerbriefs gibt uns diesbezüglich eine außergewöhnliche Verheißung:

> Lasst uns deshalb zuversichtlich vor den Thron unseres gnädigen Gottes treten. Dort werden wir Barmherzigkeit empfangen und Gnade finden, die uns helfen wird, wenn wir sie brauchen. (Hebräer 4,16; NLB)

Wenn wir mit unserer Enttäuschung und Unzufriedenheit zu Gott kommen, werden wir Gnade und Barmherzigkeit finden. Warum? Der vorhergehende Vers erklärt es:

> Da wir nun einen großen Hohen Priester haben [...] – Jesus, den Sohn Gottes [...]. Dieser Hohe Priester versteht unsere Schwächen, weil ihm dieselben Versuchungen begegnet sind wie uns, doch er wurde nicht schuldig. (Vers 14-15; NLB)

Wenn Sie Ihre Wünsche und Ihre Bedürfnisse, Ihre Träume und Enttäuschungen vor Ihren himmlischen Vater bringen, bringen Sie sie zu einem, der mitfühlen kann. Sie haben einen Retter, der dieselben Emotionen erlebte, die Sie dazu bringen, sich zu fragen, ob Sie überhaupt so weitermachen können. Sie können ohne Rechtfertigung und kühn vor seinen Thron kommen und Ihre Last zu Füßen des Einzigen ablegen, der etwas dagegen tun kann.

Aber das ist erst der Anfang. Wenn Sie Ihren Neid erst einmal innerlich auf die Matte gerungen haben, können Sie äußerlich etwas tun – eine neue Gewohnheit annehmen –, die ihn im Zaum halten wird.

Praktisch gesprochen

Um Ihr Herz vor Neid zu schützen, müssen Sie den Erfolg, die Größe und den Besitz derer feiern, die Sie beneiden.

Als wir über Schuld gesprochen haben, haben wir gesagt, das Gegenmittel sei die Beichte. Die Gewohnheit, die Zorn überwindet, ist Vergebung. Gier wird durch großzügiges Geben bezwungen. Die Gewohnheit, die Sie in die Lage versetzen wird, Ihr Herz gegen den Neid zu stärken, ist das Feiern.

Um Ihr Herz vor Neid zu schützen, müssen Sie den Erfolg, die Größe und den Besitz derer feiern, die Sie beneiden. Sie müssen sich große Mühe geben, Ihren Glückwunsch zu deren Leistungen auszudrücken. Das muss zu einer Gewohnheit werden. Den Erfolg derer feiern, die Sie beneiden, wird es Ihnen erlauben, diese Gefühle zu besiegen, die die Macht haben, einen Keil in Ihre Beziehung zu treiben.

Der Autor und Redner Louie Giglio ist einer meiner besten Freunde. Wir sind seit der sechsten Klasse Freunde, als wir uns im Jugendcamp während einer Rasierschaumschlacht unter einem Stockbett trafen. Wir hatten uns vielleicht auch vorher schon gesehen, aber dies ist meine erste Erinnerung an Louie. Die Highschool und das College hindurch waren wir unzertrennlich. Wir hielten unsere ersten Predigten direkt hintereinander bei einem Missionseinsatz im Sommer nach unserem ersten Jahr am College. Nach dem Seminar ging er an die Universität, um einen zusätzlichen Abschluss zu machen, während ich nach Atlanta zurückging, um mir einen Job zu suchen. Zwei Jahre später sprach er jeden Montagabend vor tausend Collegestudenten und ich ging mit Mittelstufenschülern in Freizeitparks.

Irgendwann zogen Louie und seine Frau Shelley zurück nach Atlanta. Und zu meinem Glück beschlossen sie, North Point zu ihrer Gemeindeheimat zu machen. Ich sage zum Glück, weil Louie sich bereit erklärt, ein paar Predigtreihen im Jahr in North Point zu halten.

Wenn Sie Louie je sprechen gehört haben, werden Sie wissen, was ich meine, wenn ich sage, dass er einer der erfolgreichsten und gefragtesten Redner der amerikanischen Christen ist. Er ist einzigartig begabt und berufen. Ich habe nie jemanden gehört, der seine Zuhörer so in die Gegenwart Gottes mitnehmen kann wie Louie. Ich habe ihn vor Highschool-Schülern sprechen sehen und vor Studenten. Ich habe ihn in einem Raum voller Erwachsener gehört und ich habe ihn mit Kirchenältesten gesehen. Es ist egal, zu wem er spricht, es ist immer eine unglaubliche Erfahrung.

Und wenn ich unserer Gemeinde ankündige, dass Louie die nächsten paar Wochen predigen wird, jubeln die Leute. An den Sonntagen, an denen er spricht, schnellt die Zahl der Gottesdienstbesucher in die Höhe. Und wochenlang höre ich nichts anderes als: »Hast du Louie predigen gehört? Er war unglaublich!« Was er natürlich auch war.

Das fördert ein Klima voller Neidpotential.

»Zwischen Predigern?!«, mögen Sie erstaunt fragen. Wenn Sie wüssten.

Aber zu unserer Verteidigung kann ich sagen, dass das Potenzial für beruflichen Neid in allen Berufen zunimmt, die öffentliche Auftritte erfordern. Und ganz gleich, ob Sie Predigen als Auftritt sehen wollen oder nicht, es ist so. Deshalb neigen Prediger dazu, aufeinander neidisch zu sein.

Was unsere Situation noch unberechenbarer macht als die der meisten, ist die Tatsache, dass es in der kleinen Stadt Alpharetta, wo wir wohnen, Leute gibt, die lieber Louie als mich hören würden. Offen gesagt, sogar *ich* würde lieber ihn als mich hören. Und es gibt Leute, die mich Louie vorziehen. (Vor allem meine Verwandten. Zumindest ist es das, was sie mir ins Gesicht sagen.) Also reden die Leute und vergleichen und drücken ihre Enttäuschung aus, wenn sie erwarten, einen von uns zu hören, und stattdessen der andere predigt. Und all das ist natürlich und normal. Aber wie Sie sich vorstellen können, schafft das Potenzial für ungesunde Konkurrenz.

Aber das ist nicht alles. Louies regelmäßige Mitwirkung in unserer Gemeinde hat dazu geführt, dass ein paar Leute denken, er würde zu unserem Mitarbeiterstab gehören – als Pastor, der die Vertretung macht, wenn Andy nicht in der Stadt ist. In Wahrheit ist Louie der Gründer seiner eigenen unglaublich erfolgreichen Organisation namens *Choice Resources*. Außerdem haben Louie und sein Team vor einigen Jahren die *Passion Conferences* ins Leben gerufen. Diese Konferenzen haben die geistliche Erweckung an Universitäten auf der ganzen Welt beschleunigt. Zusätzlich hat er noch eine Plattenfirma, die als Forum für einige der bekanntesten Lobpreisleiter des Landes dient. Die Bandbreite seines Dienstes übertrifft bei Weitem das, was ich auf Ebene der Ortsgemeinde tue. Aber viele Leute in unserer Stadt wissen das nicht. Für sie ist er nur der Gastredner.

Sie verstehen schon. Die Situation schreit förmlich nach Konflikten. Aber es gab nie die leiseste Andeutung davon in unserer Beziehung. Ich bin Louies größter Fan. Ich habe das Gefühl, er ist meiner. Und keiner von uns ist zurückhaltend mit dem, was er denkt.

Neulich kam Louie von einer Südafrikareise zurück, wo mehr als neuntausend Studenten zu seinen Veranstaltungen geströmt waren. Das erste Mal, als ich ihn nach seiner Rückkehr sah, legte er mir den Arm um die Schulter und sagte: »Andy, du wirst es nicht glauben. Überall, wo ich hinkam, sprachen die Leute über dich und den Einfluss von *North Point*.«

Was das so bemerkenswert macht: Ich kenne Prediger, die pausenlos über all die wundervollen Dinge sprechen, die *sie* auf der ganzen Welt tun. Aber so ist Louie nicht. Er legte Wert darauf, mir zu erzählen, was er über *meinen* Einfluss gehört hatte, nicht über seinen. Es war ihm wichtig, meinen Erfolg zu feiern.

Ich habe jede Predigt gehört, die Louie in unserer Gemeinde gehalten hat. Wenn ich in der Stadt bin, sitze ich zwei, manchmal sogar drei Gottesdienste hintereinander in der ersten Reihe. Und ja, ich kenne das Stechen des Neids über seine Kreativität und Einsicht. Und er ist viel »cooler«, als ich je sein werde. Aber ich werde nichts davon einen Keil in unsere Freundschaft treiben lassen. Also feiere ich weiterhin, was Gott durch Louie tut. Und ich fühle mich durch ihn ebenfalls bestätigt und gefeiert.

Die Gefühle folgen

Vielleicht ist Ihre Antwort auf das alles: »Na, das ist ja toll für Sie und Louie. Klingt, als hätten Sie da drüben in Alpharetta die gegenseitige Bewunderung gepachtet. Freut mich für Sie. Aber ich habe keine solchen Gefühle für die Leute um mich herum. Muss ich ihren Erfolg feiern, wenn ich es nicht ernst meine?«

Die kurze Antwort lautet: ja. Außerdem sage ich ja nicht, Sie sollen unaufrichtig sein. Sieht Ihre Schwester in dem Kleid super aus? Wenn ja, dann sagen Sie es ihr. Wenn sie es nicht tut, haben Sie kein Problem. Finden Sie das neue Auto Ihres Schwagers gut? Wenn ja, sagen Sie es ihm. Wenn nicht, sind Sie aus dem Schneider. Hat Ihr Teilhaber eine gute Präsentation abgeliefert? Haben Sie sich gewünscht, es wäre Ihre gewesen? Dann sagen Sie ihm, dass er es gut gemacht hat. Sie sind nicht unaufrichtig; Sie sind ehrlich. Wenn er allerdings gut war und Sie sich nicht dazu aufraffen können, ihm ein Kompliment zu machen – *das* ist ein Problem. Wenn Ihre Kollegin das Haus *Ihrer* Träume gebaut hat, sagen Sie es ihr. Es ist schließlich wahr.

Die Wahrheit ausdrücken hilft, sich von den emotionalen Fesseln zu befreien, die so ein wesentlicher Bestandteil Ihres Neides sind. Wenn Sie zu dem Kollegen hinübergehen, der Ihre Beförderung bekommen hat, und sagen: »Gratuliere«, dann weigern Sie sich, gefährlichen Gefühlen zu erlauben, Ihr Verhalten zu kontrollieren. Sie schützen Ihr Herz. Sie sagen »Nein« zum Neid. Es ist viel leichter, durch Ihr Verhalten Ihre Denkweise zu ändern, als durch Ihr Denken Ihr Verhalten zu ändern. Warten Sie nicht, bis Ihnen nach Feiern zumute ist; feiern Sie, bis Sie sich auch so fühlen. Befreien Sie Ihr Herz von den destruktiven Kräften des Neids. Weigern Sie sich, sich von Gefühlen gefangen nehmen zu lassen, die nichts mit der Wirklichkeit zu tun haben.

Meine beiden Söhne sind Werfer in ihren jeweiligen Baseballmannschaften. Wenn sie gegen eine Mannschaft mit besseren Werfern spielen, stört mich das. Ich will, dass mein Sohn besser ist als das Kind, das für die andere Mannschaft wirft. Wenn das nicht der Fall ist, ist es mir immer wichtig, den anderen Werfer nach dem Spiel abzufangen und ihm zu sagen, wie gut er war. Und wenn ich herausfinden kann, wessen Sohn er ist, gratuliere ich auch den Eltern. Es ist eine Gewohnheit, die mein Herz frei und klar hält. Meine Hand auszustrecken, um die Hand eines anderen Vaters zu schütteln, dessen Sohn besser geworfen hat als meiner, baut all die negative Energie ab und rückt alles wieder ins rechte Licht. Es ist machtvoll und befreiend, den Erfolg anderer Leute zu feiern.

Wessen Erfolg feiern Sie ungern? Wer verdient ein Schulterklopfen? Einen Brief? Einen Anruf? Eine Umarmung? Wessen Weiterkommen haben Sie im Geiste dem Glück zugeschrieben und sich somit geweigert, es anzuerkennen? Wessen Leistungen haben Unsicherheiten in Ihnen an die Oberfläche gebracht? Unsicherheiten, die Sie dazu gebracht haben, davor zurückzuschrecken, deren Gewinn zu feiern?

Ist es nicht an der Zeit, eine neue Gewohnheit anzunehmen? Ist es nicht an der Zeit, sich zu weigern, den negativen Gefühlen nachzugeben, die in Ihnen hochkochen, wenn andere Erfolg haben? Statt nichts zu sagen oder kritisch zu sein, wie wäre es, zur neuen Gewohnheit Ihres Lebens zu machen, den Erfolg anderer öffentlich zu feiern? Und wenn der Erfolg dieser Person ein schlechteres Licht auf Sie werfen kann, dann feiern Sie umso mehr!

Ich garantiere Ihnen: Es ist eine dieser Gewohnheiten, die alles verändert.

Teil 4

Wir werden sie wiedersehen

Der Wächter: *Es ist in der Tat typisch, dass ihr Erdenbewohner euch weigert, an die Überlegenheit einer anderen Welt als eurer eigenen zu glauben. Ihr seid Kinder, die in ein Vergrößerungsglas schauen und sich vorstellen, das Bild, das ihr seht, sei das Bild eurer wahren Größe.*
Dr. Meacham: *Unsere wahre Größe ist die Größe unseres Gottes!*
Metaluna 4 antwortet nicht (1955)

Dr. Medford: *Wir werden sie wiedersehen.*
Formicula (1954)

Kapitel 18

Die Monster unter dem Bett

Dr. Wagner: *Aber Sie opfern ein Menschenleben!*
Dr. Brandon: *Heulen Sie etwa wegen eines Versuchskaninchens?*
Dr. Wagner: *Aber er ist noch so jung, die Verwandlung ist schrecklich ...*
Dr. Brandon: *Und Sie nennen sich Wissenschaftler! Darum waren Sie nie mehr als ein Assistent.* Der Tod hat schwarze Krallen (1957)

Manchmal wünsche ich mir, ich wäre wieder ein kleines Kind. Aufgeschlagene Knie heilen leichter als gebrochene Herzen. Autor unbekannt

Ich habe einen Freund, der dem äußeren Anschein nach die Gesundheit selbst ist. Er ist toll in Form. Er ernährt sich richtig, macht Sport und raucht und trinkt nicht. Er hatte nie Herzprobleme. Trotz alledem verbringt er jedes Jahr einen halben Tag bei seinem Kardiologen und unterzieht sich rigoros einer Reihe von Untersuchungen. Warum? Weil sein Vater an einem Herzinfarkt starb, als er in den Vierzigern war. Meinem Kumpel wurde gesagt, dass er immer für Herzkrankheiten anfällig sein würde. Also achtet er streng auf seinen Lebensstil und geht regelmäßig zum Arzt. Es ist sicherlich nicht seine Schuld, dass sein Herz nicht so stark ist wie das des Durchschnittsmenschen. Aber trotzdem ist er für seine Gesundheit verantwortlich.

Während eines Besuchs beim Kardiologen, als mein Freund wieder einmal für eine weitere anstrengende Sitzung auf dem Laufband verkabelt war, fiel ihm dann noch etwas anderes ein: Genauso wie er erbbedingt anfällig für Herzkrankheiten war, würden seine Kinder vermutlich mit derselben Schwäche geschlagen sein. Zu dem Zeitpunkt waren seine Kinder noch klein. Aber mein Freund fühlte trotzdem, wie sich plötzlich noch eine weitere Lage Verantwortung auf ihn legte, als er seinen Viertelstundenlauf nach nirgendwo begann.

Die Übergabe

Die familiäre Umgebung spiegelt die Herzen derer wider, die der Familie vorstehen.

Ich habe irgendwo gelesen, dass ungefähr 50 Prozent aller Herzprobleme genetisch bedingt sind und ungefähr derselbe Prozentsatz auf Umweltfaktoren zurückzuführen ist. Ich weiß nicht, wie diese Prozentzahlen sich aufschlüsseln, wenn es um unsere geistlichen Herzen geht, aber ich weiß, dass Vererbung und Umwelt beide eine Rolle spielen.

Mein ältester Sohn Andrew zum Beispiel geht genauso durchs Leben wie ich. Meine Schwägerin scherzt, dass ihr Sohn ihre allzu wissbegierige Art bekommt – sie war als Kind genauso. »Wie der Vater, so der Sohn« ist nicht nur ein Klischee; es liegt eine Menge Wahrheit darin. Von Zeit zu Zeit reagiere ich auf etwas auf eine Art, die meine Frau Sandra lächeln lässt und sagen: »Tatsächlich, Charles?« (eine Anspielung auf meinen Vater). Ich weiß, ich habe seine Hände, aber offenbar habe ich mehr von ihm, als mir bewusst ist. Und meistens ist das gut. Aber ab und zu höre ich mich selbst etwas sagen und denke: *Das hätte mein Vater auch gesagt.*

Meine beiden Söhne tragen bereits Kontaktlinsen, das verdanken sie mir. Aber womit werden sie meinetwegen noch kämpfen müssen? Und, was noch wichtiger ist, was kann ich tun, um sie auf diese Eventualitäten vorzubereiten? Meine Frau ist perfekt. Ich glaube, meine Tochter möglicherweise auch. Aber was kann ich tun, um ihr reines Herz zu schützen? Was brauche ich, um sie zu lehren, dass sie in der Lage sein wird, es in Zukunft selbst zu schützen?

Unsere Kinder teilen mehr als unsere körperlichen Gene mit uns. Sie können auch unsere Neigung zu Zorn, Schuld, Gier und Neid geerbt haben. Natürlich kann es sein, dass wir die Saat der geistlichen Verdorbenheit weitergeben, deshalb gehören unsere Kinder zu den wichtigsten Gründen, warum *wir* diese Probleme in unserem eigenen Leben frontal anpacken müssen. Es ist Tatsache, dass die vier Herzenszustände, über die wir gesprochen haben, unser Familienklima prägen, was letztlich eine große Rolle bei der Prägung der Herzen unserer Kinder spielt. Schuld hat eine interessante und potenziell schädliche Art, vom Vorder- auf den Rücksitz des Familienautos durchzusickern. Ein Elternteil mit einem Geheimnis oder einem geheimen Leben wird zu Hause kein offenes Umfeld schaffen. Es wird immer Dinge geben, über die nie gesprochen wird. Das Kind aus der Kinder-Baseballmannschaft, das in die Luft geht, wenn die Dinge nicht so laufen, wie es sich das vorstellt, ist normalerweise mit dem Vater auf der Tribüne verwandt, der dazu neigt, auf den sechzehnjährigen Schiedsrichter loszugehen. Ein Vater mit einem Zornproblem wird durch seine eigenen ständigen Überreaktionen Wut in den Herzen seiner Kinder schaffen. Eine Mutter, die andauernd davon spricht, was sie im Vergleich zu anderen nicht hat, wird dasselbe Gefühl ungesunder Unzufriedenheit in ihrer eigenen Tochter schaffen.

Die familiäre Umgebung spiegelt die Herzen derer wider, die der Familie vorstehen. Wenn Sie das in Ihrer eigenen Situation nicht sehen können, dann denken Sie einfach zurück an die Familie Ihrer Kindheit. Sie können wahrscheinlich ein paar Ihrer Herzprobleme bis in Ihre familiäre Umgebung zurückverfolgen.

Wenn es darum geht, die Herzen unserer Kinder zu formen, wird das Vorbild immer die Anleitung übertreffen. Ich habe einen Mann in einem Restaurant seine Tochter anschreien hören: »Teresa, schrei deine Mutter nicht an!« Ich sah den humorvollen Aspekt dieser Situation, aber Teresa fand es nicht allzu lustig. Sie schoss zurück: »Ich schreie nicht!«

Kinder erheben die Stimme, weil sie es uns tun hören. Kinder öffnen sich, wenn sie sehen, dass wir uns öffnen, selbst wenn es bedeutet, dass wir das Feuer eröffnen. Aber unsere Kinder werden weniger defensiv sein, wenn sie sehen, dass wir unsere Abwehr fallen lassen. Sie lernen, mit ihren Herzen umzugehen, indem sie uns beobachten.

Vor nicht allzu langer Zeit fiel mir auf, wie unsere Kinder dazu neigen, die Verantwortung für ihre Fehler zu übernehmen. »Entschuldigung« oder »Das war meine Schuld« zu sagen, ist ganz natürlich für sie. Ich erwähnte das Sandra gegenüber. Ich sagte: »Hast du bemerkt, wie schnell unsere Kinder dabei sind, die Verantwortung zu übernehmen, wenn sie etwas falsch machen? Ich glaube nicht, dass ich je ›Das war meine Schuld‹ gesagt habe, als ich in ihrem Alter war.«

Sandra lächelte und sagte: »Weißt du, warum es ihnen leichtfällt, zu sagen ›Das war meine Schuld‹?« Ich hatte keine Ahnung. Sie sagte: »Weil sie es *dich* die ganze Zeit sagen hören.« Wir lachten beide, aber sie hatte recht. Ich sage es wirklich oft. Und folglich tun sie es auch.

Von hier aus weitergehen

Wir können nicht alles kontrollieren, was unsere Kinder erleben, aber wir können beeinflussen, wie sie verarbeiten, was das Leben ihnen bringt. Wir können sie lehren, wie sie ihre Herzen gegen die unvermeidlichen Feuerstürme des Lebens schützen. Niemand beeinflusst die Gesundheit eines Kinderherzens so wie Mama und Papa. Absichtlich oder unabsichtlich, vorsätzlich oder durch Zufall – wir legen etwas in unsere Kinder oder nehmen es weg. Das ist vielleicht unsere größte Verantwortung als Eltern.

Bildung ist wichtig, aber ich habe nicht allzu viele Eltern kennengelernt, die ihre Probleme darauf zurückführen, wo sie zur Schule gingen oder wie ihr Notendurchschnitt war. Die Männer und Frauen, die ich beraten habe, die mit ihrer Beziehung oder finanziell am Rande einer Katastrophe standen, hatten alle Herzprobleme: Ihre Wut hatte letztendlich ihrer beruflichen Karriere irreparablen Schaden zugefügt, oder ihre Gier hatte ihre Finanzen zu stark strapaziert, oder ihr Neid hatte einen Keil in ihre Ehe getrieben. Diese Männer und Frauen hatten versäumt, ihre Herzen zu bewachen. Sie hatten nicht die Angewohnheit, in das zu investieren, das die größte Veränderung in den meisten kritischen Komponenten des Lebens verursacht.

Die Frage, mit der ich als Elternteil ringen muss, ist: *Wenn meine Kinder ihre Autos beladen und ein für alle Mal das Haus verlassen, was wird in ihre Herzen gepackt sein? Und was kann ich jetzt tun, um sie auf den Tag vorzubereiten, wenn ihre Herzen vollkommen ihrer ei-*

genen Verantwortung unterliegen? Ich mache so viele Dinge bewusst mit meinen Kindern. Erziehung, Sport, Musikunterricht, Vorbereitung auf die Aufnahmeprüfungen, sogar Kirchenbesuche. Trotzdem bin ich überzeugt, dass sie letzten Endes möglicherweise reich an Erfahrungen sein werden, aber unvorbereitet darauf, was das Leben mit ihren Herzen anstellen wird. Wenn Sie Eltern sind, bin ich sicher, Sie können sich mit meinen Sorgen identifizieren.

Was können wir also tun? Außer unser Möglichstes zu tun, um unsere Herzen in Form zu bringen, was können wir tun, um den Herzen unserer Kinder Gesundheit einzuflößen? Zunächst einmal können wir ihnen die Wichtigkeit von Beichte, Vergebung und Großzügigkeit beibringen. Wir können sie lehren, die Erfolge anderer zu feiern. Wir können beten. Wir können gute Gewohnheiten vorleben. Wir können uns Gewissheit darüber verschaffen, dass sie zu einer Kirchengemeinde gehören. Wir können nach lehrreichen Momenten Ausschau halten, in denen wir ihnen etwas beibringen können. Alle diese Dinge sind wichtig. Und wenn sie ständig angewandt werden, bin ich überzeugt, dass sie einiges bewirken werden. Aber ich möchte noch etwas anderes vorschlagen, von dem ich glaube, dass es dem gesamten Prozess ein entscheidendes Element der Absichtlichkeit hinzufügt: Es ist eine Übung, die Ihren Kindern vielleicht helfen wird, darauf achten zu lernen, was im *Inneren* geschieht.

Wache stehen

Einer der ersten Verse, den ich als Kind auswendig gelernt habe, war Sprüche 4,23. Es war nicht meine Idee. Es war der Vorschlag meines Vaters. Und er hat sich als einer in einer langen Reihen von guten Vorschlägen herausgestellt. Hier ist er:

> Vor allem aber behüte dein Herz, denn dein Herz beeinflusst dein ganzes Leben. (NLB)

Wir sollen aufpassen, was in unserem Herzen vor sich geht. Warum? Weil es, wie der Autor sagt, unser ganzes Leben beeinflusst. In anderen Übersetzungen steht, dass aus unserem Herzen unser Leben quillt. Aber die Bedeutung ist klar: Die Gesundheit Ihres Herzens spiegelt sich in der Qualität Ihres Lebens wider.

Wie die meisten Kinder war ich vollkommen fasziniert davon, was um mich herum vorging, hatte aber keinen Moment daran gedacht, was *in* mir vorging. Aber dieser Vers, zusammen mit der Erklärung meines Vaters, zeigte mir, wie wichtig es war zu überwachen, was in meinem Herzen rumorte.

Und jetzt spulen Sie fünfundzwanzig Jahre vor. Ich saß am Bettrand meines Sohnes und hatte einen dieser Momente, für die alle engagierten Eltern leben. Wir sprachen über die Ereignisse des Tages. Ohne groß darüber nachzudenken, legte ich eine Hand auf seine Brust und sagte: »Andrew, ist in deinem Herzen alles in Ordnung?« Sobald ich es gesagt hatte, dachte ich: *Mach dich locker, Dad. Er ist acht. Er hat keine Ahnung, was du ihn da fragst.*

Aber er zögerte, lächelte und sagte: »Ja, Dad.«

Daraus wurde eine wöchentliche, manchmal vierzehntägige Gewohnheit, die ich seit damals weitergeführt habe. Andrew ist inzwischen dreizehn. Er hat diese Frage seit fünf Jahren jede Woche von mir gehört. Seit damals habe ich ein paar andere Fragen hinzugefügt, die mit dem Herzen zu tun haben, und von denen ich Ihnen später in diesem Kapitel erzählen werde.

Der Wert einer Frage

Stellen Sie sich vor, wie anders Ihr Leben aussehen könnte, wenn Ihre Eltern Ihre Aufmerksamkeit auf das gelenkt hätten, was in Ihrem Herzen vor sich ging.

Die Fragen, die Sie Ihren Kindern stellen, sagen ihnen, was Ihnen wichtig ist. Die Fragen, die Sie immer wieder stellen, sagen ihnen, was Ihnen im Leben am wichtigsten ist. Was schätzen Sie: Wie oft haben Ihre Eltern Ihnen die folgenden Fragen gestellt, während Sie groß wurden: »Hast du dir die Zähne geputzt?«, »Hast du deine Hausaufgaben gemacht?«, »Hast du dein Zimmer aufgeräumt?«, »Was hast du in der Klassenarbeit bekommen?«, »Hast du Danke gesagt?«, »Wann bist du gestern Nacht nach Hause gekommen?« Wir konnten aus diesen Fragen ablesen, was unseren Eltern wichtig war. Nach einer Weile wussten wir, was sie fragen würden, bevor sie die Frage stellten. Es hatte keinen Sinn zu fragen, ob wir fernsehen durften, wenn wir unsere Hausaufgaben für den nächsten Tag nicht gemacht hatten. Ich wusste, dass meine Mutter, sobald ich die Frage nach dem Fernseher gestellt hatte, nach meinen Hausaufgaben fragen würde. Die Fragen meiner Eltern vorwegzunehmen formte mein Verhalten.

Bei den meisten von uns drehten sich die Fragen, die unsere Eltern uns stellten, um unser Verhalten, unser Auftreten. Wenn Sie wie die meisten Erwachsenen sind, wette ich, Ihnen fällt keine einzige Frage ein, die Ihre Eltern immer wieder gestellt haben, die Sie dazu veranlasste, innezuhalten und darüber nachzudenken, was in Ihnen vorging. Folglich wurde uns nie beigebracht, unseren Herzen Aufmerksamkeit zu schenken, und noch viel weniger, sie zu behüten. Stattdessen wurden wir gelehrt, unser Verhalten zu überwachen. Und daran ist sicherlich nichts falsch, außer, wie wir in den vorherigen Kapiteln gesehen haben, dass unsere Herzen irgendwann unser Verhalten beeinflussen.

Stellen Sie sich vor, wie anders Ihr Leben aussehen könnte, wenn Ihre Eltern stattdessen Ihre Aufmerksamkeit auf das gelenkt hätten, was in Ihrem Herzen vor sich ging.

Umrüsten

Ich bin überzeugt, dass einer der besten Wege, unseren Kinder anzugewöhnen, ihre Herzen zu behüten, ist, ihnen Fragen zu stellen. Unsere Fragen können zwei Dinge tun. Erstens können sie den Wert übermitteln, den wir auf den Zustand ihrer Herzen legen. Aber, was noch wichtiger ist, unsere Fragen können unseren Kindern tatsächlich helfen zu wissen, wonach sie Ausschau halten sollen. Mit der Zeit werden unsere Fragen der Maßstab, an dem unsere Kinder ihre Herzen messen.

Wie ich etwas weiter vorn bemerkte, habe ich dem wöchentlichen Schlafenszeit-Ritual mit meinen Kindern im Lauf der Zeit ein paar Fragen hinzugefügt. Nacheinander setze ich mich auf ihre Bettkanten und stelle meine Fragen. Sie kennen sie auswendig.

»Ist in deinem Herzen alles in Ordnung?«

»Bist du auf jemanden wütend?«

»Hat heute jemand deine Gefühle verletzt?«

»Gibt es etwas, was du mir sagen musst?«

»Machst du dir um etwas Sorgen?«

Ich frage sie nach gebrochenen Versprechen, weil normalerweise ich der Schuldige bin. Wenn sie denken, ich hätte etwas versprochen und nicht eingehalten, will ich, dass sie darüber sprechen, nicht darüber schlafen. Ich will, dass meine Kinder lernen, wie sie für den Rest ihres Lebens jeden Tag ihre Herzen ausputzen.

Neulich fragte ich, nur um zu sehen, wie sie reagieren würde, meine neun Jahre alte Tochter: »Über wessen Versagen wärst du insgeheim froh?« Um ehrlich zu sein, erwartete ich, dass sie sagen würde: »Was bedeutet das?« Aber ihre Antwort schockte mich. Sofort sprudelte ein Name aus ihr heraus! Glücklicherweise war es keiner ihrer Brüder. Es war eine ihrer Freundinnen.

Ich sagte: »Allie, weißt du überhaupt, was diese Frage bedeutet?«

Sie sagte: »Ja, Papa. Es bedeutet, wenn sie etwas nicht gut machen würde, würde ich mich darüber freuen.«

Wie Sie sich vorstellen können, hatten wir eine schöne kleine Unterhaltung, bevor sie an diesem Abend einschlief. Es stellte sich heraus, dass etwas in ihrem Herzen hängen geblieben war, das wir herausbekommen mussten. Seither habe ich diese Frage in mein Repertoire aufgenommen.

Beichten zum Abendessen

Der größte Lohn aus diesem Herzensgespräch kam unerwartet. Als wir eines Abends unser Abendessen beendeten, erwähnte ich kurz, dass ein Freund der Familie wieder krank sei und dass ich dachte, seine körperlichen Probleme seien durch »tiefere« Probleme verursacht. Andrew klinkte sich direkt ein. »Was für tiefere Probleme?«, fragte er.

Es war jemand, den sie alle kannten, deshalb war mir ein wenig mulmig dabei, das Gespräch fortzusetzen. Aber da ich immer auf der Suche nach einem lehrreichen Moment bin, sprach ich trotzdem weiter. In den nächsten Minuten erklärte ich die Beziehung zwischen unserer körperlichen Gesundheit und der Gesundheit unseres Herzens. Ich sprach vor allem über die Gefahr von Geheimnissen und wie Geheimnisse uns krank machen können. Sie schienen alle interessiert, also sprach ich weiter. Ich sprach darüber, wie ein Vorfall in der Kindheit einen Erwachsenen später im Leben beeinflussen kann und dass der Erwachsene sich oft nicht einmal daran erinnert, aber trotzdem davon beeinflusst wird. Dann kam mein Schlusssatz: »Deshalb ist es so wichtig, dass wir unsere Sünden bekennen. Das Bekenntnis bewahrt uns davor, dass sich ungesunde Geheimnisse in unserem Herzen festsetzen.«

Ich hatte den letzten Satz kaum ausgesprochen, als Garrett, der damals neun Jahre alt war, sagte, er müsse mir etwas sagen.

Ich sagte: »Okay.« Er sagte: »Nicht hier, Papa.« Dann stand er vom Tisch auf und steuerte den Flur entlang. Ich folgte ihm. Als wir außer Hörweite der restlichen Familie waren, erzählte Garrett mir von einem Vorfall, der in einem Nachbarhaus passiert war.

»Wann ist das passiert?«, fragte ich.

»Das ist schon lange her«, antwortete er.

Ich dankte ihm, dass er es mir gesagt hatte, umarmte ihn und sagte ihm, wie stolz ich war, dass er sein Herz ausgeschüttet hatte. Dann gingen wir zurück zum Abendbrottisch.

Zwanzig Minuten später, als Sandra und ich den Tisch abräumten, kam Garrett in die Küche und sagte: »Mama, kann ich dich kurz sprechen?« Sie folgte ihm den Flur entlang und hörte ihm zu, als er ihr den

Rest des Vorfalls erzählte, den er mir nur teilweise gestanden hatte. Sie umarmte ihn und sagte ihm, wie stolz sie sei, dass er den Wunsch hatte, sein Herz zu säubern. Zurück in der Küche sprachen wir beide darüber, wie großartig es war, dass er schon in diesem Alter die Bedeutung der Beichte lernte. Hatten wir eine Ahnung ...

Zur Schlafenszeit am selben Abend fragte Garrett, ob er allein mit Sandra sprechen könne. Sobald ich den Raum verlassen hatte, gestand er ihr einen anderen Vorfall, weswegen er sich schuldig fühlte. Dieser war nicht ganz so schlimm wie der erste. Eine Stunde später arbeiteten Sandra und ich in unserem Büro, als wir das Getrippel von kleinen Füßen den Flur entlangkommen hörten. Es war Garrett. »Ich habe das Gefühl, ich müsste euch etwas sagen, aber ich weiß nicht, was es ist.« Ich sagte ihm, er solle zurück ins Bett gehen und wieder herunterkommen und es uns sagen, wenn es ihm eingefallen sei. Ein paar Minuten später war er zurück. »Papa«, sagte er, »ich weiß wieder, was es war.« Ich folgte ihm zurück den Flur entlang und hörte ihm zu, als er mir von einem weiteren Vorfall erzählte, von dem wir nichts wussten.

Um halb elf lagen Sandra und ich gerade im Bett und kicherten über Garretts Abend der Beichten, als wir wieder Schritte im Flur hörten. Es war Garrett. Er kam zu meiner Seite des Bettes herüber. Es bedurfte all meiner Beherrschung, dass ich nicht sagte: »Was ist denn jetzt noch?«, aber ich bremste mich.

»Mama, Papa«, sagte er, »gestern, als Allie nicht da war, bin ich in ihr Zimmer gegangen, ohne zu fragen.« Ich wusste, er war endlich auf dem Boden des Beichtenfasses angekommen. Er hatte jede ungebeichtete Sünde zusammengekratzt, die er finden konnte. Noch einmal dankte ich ihm für seine Ehrlichkeit. Ich versicherte ihm, dass Gott seine Bereitschaft zu beichten anerkennen würde. Garrett blickte uns durch die Dunkelheit forschend an und sagte: »Ich will nur nicht krank werden.«

Ich weiß, dass das wie eine erfundene Predigergeschichte klingt, aber es ist genau so passiert. Und ich habe Ihnen noch nicht einmal den besten Teil erzählt. Am nächsten Abend, als Garrett und ich beteten, ging er sein übliches Gebetsprogramm durch, aber bevor er »Amen« sagte, zögerte er und fügte hinzu: »Und danke, dass ich ein reines Herz habe.«

Stellen Sie sich vor

Was, wenn wir alle gleich entschlossen wären, unsere Herzen auszuschrubben? Stellen Sie sich vor, was passieren würde, wenn wir beschließen würden, die Sonne nie wieder über unserem Zorn, unserer Gier, unserem Neid, unserer Schuld untergehen zu lassen. Was, wenn wir unsere Herzen mit derselben Sorgfalt schützen würden, mit der wir unsere Häuser schützen? Und warum auch nicht? Schließlich wissen wir, haben wir gesehen und erlebt, was passiert, wenn ein Herz unbehütet bleibt. Wir haben alle das Nachbeben von Zorn, Schuld, Gier und Neid gespürt. Wir sollten jeden Tag unseres Lebens mit einem Blick auf unser Herz aufwachen.

Aber noch besser, stellen Sie sich eine Generation von Kindern vor, die nicht nur darauf eingestellt aufwachsen, was um sie herum vorgeht, sondern auch darauf, was in ihnen ist. Stellen Sie sich vor, Ihre Kinder würden mit einer außergewöhnlichen Sensibilität für den Rhythmus ihres Herzens aufwachsen. Ich muss Ihnen nicht sagen, was das in ihrem Leben verändern würde. Sie wissen, was es bei Ihnen selbst verändern würde. Jetzt haben Sie die Möglichkeit, für Ihre Kinder zu tun, wovon Ihre Eltern vielleicht nicht wussten, wie sie es für Sie tun konnten.

Als Erwachsene werden wir angeleitet, unsere Herzen mit aller Sorgfalt zu überwachen. Als Eltern wurde uns die Verantwortung gegeben, unsere Kinder zu lehren, ihre zu überwachen. Wenn Ihnen das Herz Ihres Kindes wichtig ist, fragen Sie es, was darin vor sich geht. Lehren Sie Ihr Kind zu beichten, zu vergeben, großzügig zu geben und die Erfolge anderer zu feiern. Dies sind die Gewohnheiten, die ein Herz frei von schmerzhaftem Durcheinander halten. Es sind Gewohnheiten, die Ihr Kind in die Lage versetzen, in Zukunft eine gesunde Erwachsenenbeziehung mit Ihnen zu entwickeln. Es sind die Gewohnheiten, die alles verändern.

Kapitel 19

Der unsichtbare Mann

Professor Konrad: *Vielleicht gibt es eine Zivilisation, die ohne Sex lebt.*
Lieutnant Turner: *Das nennen Sie Zivilisation?*
Professor Konrad: *Offen gesagt, nein.*

In den Krallen der Venus (1958)

Wer einen Teller mit Speck und Eiern ansieht und danach giert, hat im Herzen bereits Frühstück mit ihm begangen. C. S. Lewis

Keine Diskussion über das Herz wäre komplett ohne ein oder zwei Worte über das Thema Lust. Ich kann mir vorstellen, dass ein großer Prozentsatz meiner männlichen Leserschaft damit einverstanden wäre, ihren Anteil an Schuld, Zorn, Gier und Neid zu verdoppeln, wenn es bedeutete, dass sie von der Lust befreit wären, die in ihren Herzen wildert. Wenn es möglich wäre, einen Vier-zu-eins-Tausch vorzunehmen, würden viele Männer diesen Tausch augenblicklich machen. Und ich bin sicher, es gibt viele Ehefrauen, die den Handel ihres Mannes sogar vermitteln würden.

Auf den ersten Blick mag es aussehen, als wäre Lust zumindest für drei der vier Herzprobleme, über die wir gesprochen haben, verantwortlich. Sexuelle Sünde führt zum Beispiel zu Schuldgefühlen. Ich habe mit Dutzenden von Menschen gesprochen, deren Geheimnisse von illegalen sexuellen Begegnungen herrühren, sowohl gebetenen als auch ungebetenen. Und sexuelle Sünde führt immer zu Zorn. Wenn Ihr Ehepartner je untreu war, erinnern Sie sich zweifellos an die Wut, die Sie gespürt haben, als Sie den Betrug entdeckten. Und Lust kann auf jeden Fall Neid anheizen.

Aber es gibt noch eine andere Verbindung zwischen Lust und unseren Erzfeinden Schuld, Zorn, Gier und Neid.

Es gibt einen Unterschied

Zuallererst unterscheidet sich Lust von Schuld, Zorn, Gier und Neid in einem wichtigen Punkt: Gott hat sie geschaffen. Er erklärte sie sogar für gut. »Wo steht denn das in der Bibel?«, fragen Sie. Nun, eigentlich gibt es keinen Vers, der das so sagt, aber es ist sicherlich unausgesprochen enthalten. Als Gott Adam und Eva schuf, schuf er auch das Konzept »ein Fleisch«. Alles deutet darauf hin, dass Adam Eva stark begehrte und sie ihn. Mit dem Sex kam die Lust. Sie kamen im Doppelpack.

Lust kann also etwas Gutes sein. Wenn es keine Lust gäbe, wären Sie wahrscheinlich gar nicht hier. Wenige von uns hätten geheiratet. In einer gesunden Beziehung ist die Lust lebendig und gesund – und fokussiert. Während Schuld, Gier und Neid immer Zeichen von Problemen sind, ist das bei Lust nicht so. Lust kann für oder gegen Sie arbeiten.

Die Lust war also vor der Sünde da. Aber soweit ich sagen kann, tauchten Gier, Zorn, Schuld und Neid erst ganz kurz vor dem Fall der Menschheit auf. Interessanterweise waren alle vier Teil der Geschichte unseres Falls. Und als die Sünde in die Welt kam, wurde alles verdorben. Inklusive der Lust.

Das andere, was an der Lust anders ist, ist, dass sie ein Appetit ist – sie geht nicht weg, egal wie geistlich oder engagiert Sie sind. Lust ist kein Problem, das man lösen kann; es ist ein Appetit, den man verwalten muss. Daher die Notwendigkeit zur Selbstkontrolle. Lust kann fokussiert werden, aber nicht beseitigt. Sie können mit Ihrem Zorn und Ihrer Schuld ein für alle Mal fertig werden. Aber nicht mit der Lust. Sie ist für immer da. Na ja, jedenfalls für lange Zeit.

Auf der Suche nach Entschlossenheit

Nichts zerstört die Fähigkeit eines Menschen zu Intimität so sehr wie sexuelle Unreinheit.

Aufgrund meiner Gespräche mit Hunderten von Menschen, deren deplatzierte Lust sie in Schwierigkeiten gebracht hat, habe ich folgende Schlussfolgerung gezogen: Lust ist selten das Grundproblem. Wenn Lust problematisch wird, ist sie fast immer Ausdruck eines oder mehrerer der Herzprobleme, über die wir gesprochen haben. Putzen Sie den Zorn und Neid, die Schuld und Gier aus, und die Lust wird viel leichter zu handhaben sein. Kümmern Sie sich um die großen vier, und Ihre Fähigkeit, Selbstkontrolle im Bereich Ihrer Sexualität auszuüben, wird deutlich ansteigen.

Vor allem Zorn und Schuld schüren sexuelle Sünde. Alle Männer, mit denen ich gesprochen habe, die ernsthaft pornografiesüchtig waren, hatten außerdem ungeklärte Probleme mit ihrem Vater. Das ist der Seelenklempner-Ausdruck für »Er ist sauer auf seinen Vater«. Richtig sauer! Und wie Sie sich vorstellen können, sahen diese Männer keine Verbindung zwischen ihrem ungeklärten Zorn und ihrer unkontrollierbaren Lust. Aber es gibt eine: Pornografie bietet einen Ersatz für Intimität – genau das, was jeder Mann von seinem Vater braucht.

Alle Frauen, mit denen ich gesprochen oder von denen ich gehört habe, die häufig ihre Partner wechselten, hatten Geheimnisse und Verletzungen, die auf ihre Kindheit zurückgingen. Blicken Sie hinter die Probleme, die normalerweise mit Lust verbunden sind, und Sie werden ein krankes Herz finden – ein Herz voller Zorn, Schuld und sogar Neid. Gibt es Ausnahmen? Ich bin sicher, es muss welche geben, aber ich habe nie welche gesehen oder davon gehört. Zeigen Sie mir einen Mann oder eine Frau, der oder die mehr als auf normaler Ebene mit Lust zu kämpfen hat, und ich werde Ihnen mehr als wahrscheinlich jemanden zeigen, dessen Herz gründlich von einem der großen vier überrannt wurde.

Einfach dargestellt, weichen Schuld, Zorn, Gier und Neid unsere

Entschlossenheit gegen sexuelle Versuchung auf. In Paulus' Brief an die Christen in Ephesus bekommen wir einen flüchtigen Blick darauf, warum dies der Fall ist. Er schreibt: »›Sündigt nicht, wenn ihr zornig seid‹, und lasst die Sonne nicht über eurem Zorn untergehen« (Epheser 4,26; NLB). Paulus glaubte eindeutig, dass ungeklärter Zorn dem Teufel eine Ausgangsbasis in unserem Leben gibt. Aber eine Basis wofür? Was immer er will. Die Folgerung ist klar: Bewältigen Sie Ihren Zorn und Sie nehmen dem Feind den Halt; weigern Sie sich, sich damit zu befassen, und Sie müssen sich auf das Schlimmste gefasst machen.

Ungeklärter Zorn ist der Zugang, über den Satan jeden Teil Ihres Lebens betreten kann. Und er ist schlau genug zu wissen, dass nichts der menschlichen Seele so verheerenden Schaden zufügt wie sexuelle Sünde. Nichts zerstört die Fähigkeit eines Individuums zu Intimität so sehr wie sexuelle Unreinheit. Also nutzt er unseren Zorn zu seinem eigenen Vorteil, und am Ende zahlen wir. Teuer.

Denken Sie an Ihre eigene Erfahrung. Ist es nicht so, dass Sie, wenn Sie wütend sind, anfälliger für sexuelle Versuchungen sind als normalerweise? Zorn verbiegt unser Denken und somit unsere Entscheidungsfähigkeit. Denken Sie daran, wenn wir wütend sind, ist das, weil wir überzeugt sind, dass jemand uns etwas schuldet. Zorn desensibilisiert uns für den Schaden, den wir anderen oder uns selbst zufügen – in einem Moment, in dem wir das Gefühl haben, wir seien uns schuldig zu tun, was immer wir wollen.

Vor Jahren, während ich mit Highschool-Schülern arbeitete, hörte ich zufällig ein Gespräch mit an, das ich nie vergessen werde. Ich fuhr mit einem Kleinbus der Kirche zu einem Camp, und zwei Mädchen aus der zehnten Klasse saßen direkt hinter mir. Irgendwann in ihrem Gespräch fragte das eine Mädchen ihre Freundin: »Würdest du mit Tim ...« Von da an beschrieb sie in Teenagersprache eine Aktivität, die von den meisten als unangemessen für unverheiratete Leute bezeichnet würde. Aber das war nicht das Schockierende. Es war die Antwort ihrer Freundin, die mich umhaute.

Sie sagte: »Wenn ich gerade mit meiner Mutter gestritten habe, vielleicht schon.«

Wie bitte? Wenn sie Streit mit ihrer Mutter hatte? Was hatte das damit zu tun? Mit fünfzehn Jahren erlebte diese junge Dame bereits auf sexuelle Art die Beziehung zwischen ihrer Wut und ihrer Verletzlichkeit. Zorn in einer Beziehung machte sie in einer anderen verletzlich.

Was für Zorn gilt, gilt auch für Schuld, Gier und Neid: Alle vier verringern unsere Entschlossenheit gegen sexuelle Versuchung. Sie kippen uns emotional aus dem Gleichgewicht und machen uns angreifbar für die Lust. Sie sind wie außer Kontrolle geratene Viren, die unser geistliches Immunsystem schwächen.

Eine angemessene Reaktion

Was tun wir also gegen die Lust? Sie ignorieren? Sie als unheilbares Symptom abschreiben? Nein. Lust muss im Zaum gehalten werden. Sie muss genau fokussiert werden. Wir werden immer die Notwendigkeit zur Selbstkontrolle haben, egal wie gesund unser Herz sein wird. Was ich sagen will, ist einfach dies: Unser Kampf für sexuelle Reinheit muss an mehreren Fronten geschehen. Aber ein gesundes Herz versetzt uns in eine stärkere Position, um alle Arten von Versuchungen abzuwehren. Beichten, Vergeben, Feiern und Geben sind Gewohnheiten, die unsere Entschlossenheit stärken und dem Feind die Ausgangsbasis in unserem Leben nehmen. Je gesünder unsere Herzen sind, desto leichter wird es sein, diesen gottgegebenen Appetit genau fokussiert und unter Kontrolle zu halten.

Epilog

Der Anfang vom Ende

Tony: *Scott, es könnte Nebenwirkungen haben, von denen wir nichts wissen.*
Der 4D Mann (1961)

Klaatu: *Ich werde nicht auf Drohungen zurückgreifen, Mr. Harley. Ich sage ihnen nur, dass die Zukunft Ihres Planeten auf dem Spiel steht.*
Der Tag, an dem die Erde stillstand (1952)

Vielleicht ist es gut, ein Genie zu sein, aber eine noch größere Gabe ist ein gutes Herz.
John Nash

Beichten, vergeben, geben, feiern. Dies sind die Gewohnheiten, die alles verändern werden. Wenn diese vier regelmäßig den Rhythmus Ihres Herzens definieren, wird das Leben spürbar anders werden. Warum? Weil diese Gewohnheiten Sie bevollmächtigen, Ihre ausstehenden Schulden bei anderen, bei Gott und sogar bei sich selbst zu begleichen. Die Schuld-Schuldner-Dynamik aus einer Beziehung zu entfernen, ebnet den Weg zu besserer Kommunikation, Verständnis und Offenheit.

Die Beichte erlaubt uns, aus unserem Versteck zu kommen. Vergebung erlaubt anderen, aus der Deckung zu kommen. Großzügigkeit erlaubt uns, Gottes Partner zu sein, wenn er sich selbst auf greifbare Art der Welt um uns zeigt. Feiern macht uns zum Vehikel, durch das Gott seinen Gefallen mitteilt. Dafür wurden Sie geschaffen, und deshalb können diese Gewohnheiten so viel in Ihrem Leben verändern. Nichts bleibt unberührt.

Falls Sie es noch nicht herausgefunden haben: Diese vier Gewohnheiten befreien uns dazu zu lieben, wie Gott es für uns vorgesehen hat. Zorn, Gier, Schuld und Neid sind der Gegensatz von Liebe. Solange diese vier Monster unkontrolliert in Ihrem Herzen wachsen, werden Ihre Bemühungen zu lieben kurzlebig, ausgebremst bleiben. Keine noch so große Anstrengung Ihrerseits kann das kompensieren. Der reinste Beweggrund wird nicht überwiegen. Sie können nicht lieben, während Sie einen oder mehrere dieser Feinde beherbergen – letztendlich werden sie Sie bezwingen.

Um es ins rechte Licht zu rücken, denken Sie doch mal über diese vertrauten Verse aus Paulus' Brief an die Gläubigen in Korinth nach:

> Die Liebe ist langmütig und freundlich, die Liebe eifert nicht, die Liebe treibt nicht Mutwillen, sie bläht sich nicht auf, sie verhält sich nicht ungehörig, sie sucht nicht das Ihre, sie lässt sich nicht erbittern, sie rechnet das Böse nicht zu, sie freut sich nicht über die Ungerechtigkeit, sie freut sich aber an der Wahrheit; sie erträgt alles, sie glaubt alles, sie hofft alles, sie duldet alles. (1. Korinther 13,4-7; L)

Zornige Menschen sind nicht geduldig. Schuldige Menschen sind nicht freundlich. Neidische Menschen eifern danach, was andere haben. Gierige Menschen können nicht anders, als zu prahlen. Zorn macht uns ungehörig. Gier verführt uns zur Selbstsucht. Neid treibt uns zum Aufrechnen. Gierige Menschen sind selbstschützend. Schuld hält uns davon ab, anderen zu vertrauen, weil wir uns selbst als nicht vertrauenswürdig erwiesen haben ...

Sie wissen, was ich meine.

Und doch wird uns befohlen, uns gegenseitig zu lieben:

> So gebe ich euch nun ein neues Gebot: Liebt einander. So wie ich euch geliebt habe, sollt auch ihr einander lieben. (Johannes 13,34; NLB)

Ein *Gebot.* Das heißt: Wir müssen. Jesus sagt, wir müssen einander lieben. Und ich bin sicher, Sie stimmen mir da zu. Aber versuchen Sie mal, dieses Gebot mit einem Herzen anzunehmen, das auch nur durch einen der vier Feinde befangen ist. Was bedeutet, dass Sie, solange Sie nicht mit Ihrem Zorn, Ihrer Schuld, Ihrer Gier und/oder Ihrem Neid fertig geworden sind, dem wichtigsten Gebot, das unser Herr ausgegeben hat, nicht gehorchen können.

Beichten, vergeben, geben, feiern. Diese vier Gewohnheiten verändern alles, denn sie machen uns frei, die mächtigste Kraft auszuüben und zu erfahren, der die menschliche Seele je begegnet ist: bedingungslose Liebe.

Die Reise beginnen

Wo gehe ich jetzt hin?

Wenn Sie nicht sicher sind, wo Sie anfangen sollen, kann ich Sie in Richtung von jemandem lenken, der es weiß – die Leute, die Sie am besten kennen, die Menschen, mit denen Sie Ihr Leben teilen. Ihr Ehemann. Ihre Ehefrau. Ihre Kinder. Ihre Eltern. Sie bekommen täglich die Überflutungen dessen ab, was in Ihrem Herzen vor sich geht. Sie wissen genau, wo Sie anfangen sollten. Fragen Sie herum. Hier habe ich ein paar mögliche Gesprächsanfänge:

»Glaubst du, ich habe Probleme damit, vollkommen offen zu sein?«

»Hast du das Gefühl, ich habe Mauern um mich gezogen?«

»Hast du manchmal das Gefühl, du musst mit meinem Besitz konkurrieren?«

»Hast du das Gefühl, ich vergleiche dich mit anderen Frauen/Männern/Kindern?«

»Hast du Angst, mit mir zu reden?«

»Fragst du dich manchmal, zu welchem Teil von mir du nach Hause kommst?«

Wahrscheinlich wissen Sie schon, wie die Menschen, die Ihnen am nächsten stehen, ein paar dieser Fragen beantworten könnten. Wenn

Sie beschließen, trotzdem zu fragen, habe ich einen Rat für Sie. Beschließen Sie vorher, dass Sie sich nicht verteidigen werden. Wenn Sie es tun, werden Sie gar nichts erfahren.

Wenn Sie nicht bereit sind, dies mit Ihrer Familie und Ihren Freunden zu diskutieren, empfehle ich Ihnen, zu dem Teil des Buches zurückzugehen, bei dem Sie sich am unbehaglichsten gefühlt haben. Es sieht ganz so aus, als wollte Gott hier etwas Veränderndes in Ihrem Leben tun. Irgendwo auf den Seiten, die Sie dazu gebracht haben, zusammenzuzucken und sich zu winden und sich mit mir auseinanderzusetzen, liegen ein bis zwei Körnchen Wahrheit, die Ihr himmlischer Vater gern Schritt für Schritt tief in Ihre Seele einarbeiten würde.

Wie ein Arzt, dessen sachkundige Hände tasten und untersuchen, bis sie einen empfindlichen Punkt treffen, so hat Gottes Wahrheit ihre Art, Ihre Stelle zu finden. Aber nichts davon kann geschehen, solange Sie Gott nicht Zugang zu diesen empfindlichen, sonst gesperrten Bereichen Ihres Lebens gewähren. Wenn Sie es tun, kann das, was vielleicht als bedrohliche und unbequeme Enthüllung beginnt, in einer Freiheit enden, von der Sie gar nicht wussten, dass es sie gibt.

Erzähler: *Das Ende kam schnell. Überall auf der Welt begannen ihre Maschinen anzuhalten und zu zerfallen. Nachdem alles, was Menschen tun konnten, gescheitert war, wurden die Marsianer zerstört, und die Menschheit wurde von den kleinsten Dingen gerettet, die Gott in seiner Weisheit auf diese Erde gebracht hatte.*

Kampf der Welten (1954)